中 学 受 験

算数専門プロ家庭教師・熊野孝哉が提言する

難関校合格への
62の戦略

熊野孝哉【著】

……… はじめに ………

　はじめまして、中学受験算数専門・プロ家庭教師の熊野孝哉です。2007 年に初めて本を書かせていただいてから、本書は 12 冊目（改訂版を含めれば 26 冊目）の出版ということになります。

　これまでに出版された中で、最も多くの方々に受け入れていただいたのは『場合の数・入試で差がつく 51 題』だと思います。2009 年の初版発売から 12 年が経過しましたが、お陰様で現在も年 1 回程度の頻度で改訂・増刷のお話をいただいています。また、最初に出版された『算数の戦略的学習法』は Amazon 売れ筋ランキング（全書籍）で一時期は 300 位台になるなど、予想を大きく上回る方々に受け入れていただきました。

　ただ、私の中で最も思い入れのある本を選ぶとすれば、2016 年に出版された『算数の戦略的学習法・難関中学編』になります。それ以前に出版された本は、多かれ少なかれ、読者の方々の反応を意識して、本当は書きたい（けれど需要はないかもしれない）内容を控えていた節があります。しかし『算数の戦略的学習法・難関中学編』では、需要があるかどうかを意識せず、本当に書きたかった「難関校対策に特化した受験戦略書」を 1 冊の本として出版させていただきました。

「誰でも頑張れば難関校に合格できる」「これをするだけで成績が

上がる」といった、読者の方々に希望を与えるポジティブな内容の方が書籍としての需要は高く、評価される傾向があります。それに対して『算数の戦略的学習法・難関中学編』では、読者の方々の反応を意識せず、難関校受験の現実を（必ずしもポジティブではない内容も含めて）率直に書かせていただきました。

　2021年に出版される本書は『算数の戦略的学習法・難関中学編』の実質的な続編として、私が普段、難関校受験生の親御様にお伝えしている内容を忌憚なく書かせていただきました。本書で提言している62の戦略の内、読者の方々にとって、少しでも参考にしていただける箇所があれば幸いです。

　本書の出版に当たり、お世話になっている3名の方に推薦文を執筆していただきました。ご多忙にも関わらず、執筆を快く引き受けてくださったことに対して、この場をお借りしてお礼を申し上げます。

2021年8月

熊野孝哉

4

① マンスリーテスト対策を行わない理由

　難関校を目指す場合、まずは塾の復習テスト（マンスリーテスト、組分けテストなど：※1）での成績を出来る限り上げるという考え方が一般的です。例えば、サピックス生であれば「成績を上げて α 上位クラスに在籍する」ということがわかりやすい目標となります。家庭教師や個別指導に対しても、大半の親御さんは復習テストの成績向上を望んでいます。指導者も親御さんの要望に応えるために、授業のフォローや復習テスト対策を重点的に行うというのが一般的です。

　ただ、私は「復習テスト対策は行わない」「塾の成績向上を目指さない」という方針に基づき、難関校受験生の指導を行っています。ここではその方針に至った経緯について、お伝えしたいと思います。

　実は、私も初期の頃は塾の復習テスト対策を重点的に行い、成績向上という「わかりやすい結果」を出すことに注力していました。特に難関校受験生の場合、短期間で驚異的に成績が上がることも少なからずありました。

しかし、いざ入試となると非常に厳しい結果が続いてしまいました。どの生徒も少しレベルを下げた併願校には合格できるのですが、本命の難関校については全滅に近い状態でした。

　塾の復習テストは、幅広い層の塾生が母集団であり、理解状況を試験の得点に反映させなければならないという性質上、試験全体の難易度を適度に抑えた上で問題数を多くする必要があります。これは復習テストに限らず、実力テスト（サピックスオープン、合不合判定テストなど）でも同様です。

　ただ、50分の制限時間で25〜30問を出題するとなると、思考系の問題は最小限にして、知識系の問題を中心に出題する必要があります。思考系の問題は解くのに時間を要する（多くの受験者が短時間で解けるなら、そもそも思考系の問題ではない）ため、思考系の問題を多く出題すると、試験として成立しづらくなってしまうからです。

　サピックスでは、知識・処理系の問題を「Ａ問題」、思考系の問題を「Ｂ問題」と分類し、サピックスオープン模試では算数をＡ、Ｂに分けて成績を算出しています。ただ、サピックスオープンのＢ問題は「Ａに近いＢ問題」も多く、難関校入試での本格的

なB問題とは別物と考えた方がいいかと思います。

　難関校の入試問題は「本格的なB問題」も多く出題されますが、塾の復習テスト（実力テストも含めて）に照準を合わせた学習を続けている限り、A問題の完成度は極限まで上がる一方、B問題については触れる機会が明らかに不足してしまいます。

　初期の頃の私は、難関校受験生に対して比較的遅い時期まで塾の復習テストや実力テストの成績を向上・維持するための指導に多くの時間を費やして「A問題を極める」という、今から思えば非常に初歩的なミスを犯していました。

　その後、情報収集をしていく中で、特に筑駒や開成などの最難関校に合格している受験生の多くは、そもそも塾の成績向上は眼中になく、早い時期から思考系の応用問題演習に多くの時間を費やしているということがわかってきました。

　それ以来、難関校受験生に対しては塾の成績向上を目的とする指導は行わず、早い時期から思考系の応用問題演習を中心とする内容に切り替えたところ、最初の生徒が聖光学院、渋幕など受験校すべてに合格し、それ以降も開成や麻布の合格者が出るなど、難関校の入試結果は大きく改善しました。家庭教師として独立し

て以降は、開成合格率78％（18名中14名合格、2010 ～ 2021年度）
など、初期の頃の厳しい結果からは想像できないほど状況は好転
しています。（※２）

　一方で、通常と違った指導法を進めることでの失敗も多く経験
しました。

　最も多いのは、塾の成績が下がることによる「指導の中止」で
す。そもそも、思考系の応用問題演習を行うための時間は、塾の
フォローや復習テスト対策に費やしていた時間を削ることによっ
て捻出しますが、そうすると高確率で塾の成績は下がってしまい
ます。応用問題演習を優先する以上、塾の成績がある程度、犠牲
になることはやむを得ないのですが、親御さんによっては理解を
得られないことがあります。

　また、指導は継続するものの、思考系の応用問題演習を優先す
るという方針に従っていただけないこともあります。特に塾の復
習テスト対策として、過去問（直近１、２年分のマンスリーテス
トなど）や予想問題を活用して好成績を維持していた受験生や親
御さんにその傾向があります。

　マンスリーテストなど塾の復習テスト対策を行わないのは、そ

のための時間の何割かを思考系の応用問題演習に回すことで、難
関校入試での合格率が上がるということを経験を通して感じてき
たためです。ただ、それを最後まで実践するためには受験生や親
御さんの理解を得る必要があり、そのための努力も重要だと感じ
ています。

※１：組分けテストは実力テストという名目になっていますが、マ
　　　ンスリーテストを「範囲の狭い復習テスト」とすれば、組分
　　　けテストは「範囲の広い復習テスト」で、実質的には復習テ
　　　ストに分類できます。

※２：合格率の算出においては、例えば開成の場合は「開成模試で
　　　算数以外の３科偏差値が平均52以上」というように、各校に
　　　ついて個別の基準を設定しています。

② 開成向きの受験生と聖光向きの受験生

　首都圏の男子難関校受験生にとって、開成中学と聖光学院中学はどちらも人気が高く、難易度（大手塾が出している合格可能性50％偏差値）も拮抗しています。ただ、算数の入試問題については大きな性質の違いがあり、その相性が両校の実質的な合格可能性にも大きく影響します。

　開成の算数では、受験算数の解法やテクニックで対応することが難しい問題が少なからず出題される一方で、正解に至らなくても解答のプロセスを評価して加点してくれるため、思考力を強みにしている受験生が合格しやすいシステムになっています。

　一方、聖光学院の算数では、問題の難易度は高いものの、受験算数の解法やテクニックを駆使すれば対応可能な問題が多く出題されます。ただ、解法のプロセスに対する加点はないため、学習能力と処理能力を強みにしている受験生が合格しやすいシステムになっています。

　もちろん、聖光学院も一定以上の思考力は必要になりますが、

開成ほど突出した思考力は要求されず、最終的には学習能力と処理能力が決め手になる傾向があります。

　塾の通常模試は、学習能力と処理能力の高い受験生ほど好結果が出ますので、そこで好成績を維持している受験生であれば、基本的には聖光学院の入試問題に合わないという可能性は低いと言えます。ただ、思考力に関しては（学習能力、処理能力と比べて）課題があるかもしれず、その場合は開成の入試問題に合わない可能性があります。

　逆に、実は開成に合格できる可能性がある（思考力が強い）ものの学習能力と処理能力に課題のある受験生は、塾の通常模試では好結果が出づらく、開成を目指すという発想にならない場合もあります。塾の先生も基本的には通常模試の結果を通して受験生の状況を把握しますので、開成に合格する実力はあるものの通常模試で十分な結果が出ていなければ、その成績で一般的に合格可能な受験校を勧める傾向があります。

　つまり、聖光向き（聖光学院の入試問題との相性が良い）の受験生は、通常模試の成績から判断しやすいのですが、開成向きの受験生は判断が難しく、そのことが受験校の選択ミス（開成向きでないことに気付かず開成を受験したり、開成向きであるのに候

補から外してしまう）につながるケースが少なからずあります。

　開成入試への適性については、思考系の応用問題を解いていく中で（どの程度スムーズに解けるかを見て）ある程度は判断できますが、６年生であれば開成模試を何度か受験することで明らかになります。いずれにしても、開成を目指す可能性がある受験生は、積極的に相性を確認する機会を作ることをおすすめします。

③ 開成模試の正しい見方

　難関校受験生にとって、学校別模試の結果は合格可能性を確認するための重要な判断材料となります。ただ、合格可能性80％や20％という明らかな判定結果が出れば判断しやすいのですが、60％や40％という判定結果については受け止め方が難しい場合もあります。

　私は開成受験に関わる機会が比較的多いのですが、開成模試については、合格可能性の数値を額面通りに受け止めていい場合もあれば、数値が実情を正確に反映していないと感じることもあります。例えば、合格可能性60％の判定結果でも合格濃厚だと感じることもあれば、合格可能性40％の判定結果でも、実際は相当厳しいのではないかと感じることもあります。

　私は開成模試の結果を分析する際、算数と算数以外（国語、理科、社会）の結果をそれぞれ7段階で表し、その組み合わせを見て判断しています。2010年〜2021年に25人の開成受験生に関わりましたが、その分布をまとめたものが次の資料（**19ページ参照**）です。

縦は算数、横は算数以外の結果（複数回受験している場合は平均値）をＡ〜Ｇの７段階で表し、それぞれの組み合わせについて合否結果（「３－１」であれば、合格者３人と不合格者１人）を記載しています。そして、薄い灰色の範囲は合格濃厚、白色の範囲は合格可能、濃い灰色の範囲は合格圏外を示しています。

　合格濃厚の範囲では92％の受験生が合格していますが、開成模試では平均で合格可能性60〜70％という判定だった受験生も何人かいます。一方で、合格圏外の範囲では合格率20％という結果ですが、開成模試では40〜50％という判定を何度かとっていた受験生もいます。

　特にポイントになるのは、算数以外の平均偏差値が52を超えているかどうかということです。開成模試では偏差値52〜53がボーダーラインになることが多いのですが、算数以外の平均偏差値が52以上の場合の合格率が78％（18人中14人合格）であるのに対して、52未満の場合の合格率は14％（７人中１人合格）という結果になっています。

　開成入試では算数で比較的得点差がつきやすく、国語、理科、社会の各科目単体との比較になれば算数の合否に与える影響が最

も大きいのですが、算数1科目と算数以外の3科目総合（国語＋理科＋社会）という比較になると後者の影響の方が大きく、また水物の要素のある算数に比べて安定した結果を望みやすいという側面もあります。

　学校別模試の正しい見方を知っていれば、良くも悪くも実質的な合格可能性を見誤らず、受験校決定における判断ミスを避けることができます。開成模試を例に挙げましたが、他の学校についても応用できますので、参考にしていただければと思います。

開成模試の成績と合否分布 (2010 - 2021 年度)

		国語・理科・社会						
		A	B	C	D	E	F	G
算数	A	2-0	1-0	1-0				0-1
	B			3-1		0-2		
	C		1-0	2-0	1-1	0-1		
	D			1-0	1-2	1-0		
	E		1-0					
	F					0-1	0-1	
	G							

A 開成模試偏差値 64 以上
B 開成模試偏差値 60 以上
C 開成模試偏差値 56 以上
D 開成模試偏差値 52 以上
E 開成模試偏差値 48 以上
F 開成模試偏差値 44 以上
G 開成模試偏差値 44 未満

合格濃厚（13 人中 12 人合格）
合格可能（7 人中 2 人合格）
合格圏外（5 人中 1 人合格）

❹ 難関校入試は運の影響を受ける

「運も実力の内」と言われることがありますが、中学受験でも高いレベルの勝負になるほど、実力だけでなく運の影響を受けやすくなります。

2020年2月入試では、私が家庭教師で指導していた5名が開成中学を受験して、その内の3名が合格しました。「算数」「国語＋理科」の実力について、次のA～Cに分類する（社会は度外視する）と、5名の内、Aは1名、Bは2名、Cは2名という状況でした。

A：算数、国語＋理科とも実力が高い
B：算数は実力が高いが、国語＋理科は不安がある
C：国語＋理科は実力が高いが、算数は不安がある

開成中学は算数、国語、理科、社会の4科目入試ですが、基本的には「算数勝負」となる傾向があります。科目別に「合格者平均点」と「受験者平均点」の得点差に注目すると、過去4年間（2016年～2019年）の得点差の平均は、算数が13.6点、国語が6.9点、

理科が4.4点、社会が5.0点で、算数が受験結果に大きな影響を与えている（合格者平均点と受験者平均点の差が大きい）ことがわかります。

　例年の入試であればA、Bの3名が合格していた可能性が高く、Cの2名は（合格可能性はあるものの）厳しい結果になる可能性も高かったのではないかと思います。しかし実際はA、Cの3名が合格し、Bの2名が不合格という結果になりました。

　2020年の「合格者平均点」と「受験者平均点」の得点差は、算数が10.9点、国語が9.2点、理科が7.9点、社会が4.3点（国語、理科の合計は17.1点）で、算数よりも国語＋理科の方が受験結果に大きな影響を与えるという、直近の開成中学の入試では見られなかった状況になりました。

　仮に同じ5名が1年前（2019年）の入試を受験していれば、あるいは1年後（2021年）の入試を受験すれば、B、Cの4名の受験結果がすべて逆転する可能性は十分にあります。つまり、5名中4名が良い意味でも悪い意味でも「運の影響を受けた」ということになります。

　十分な実力のある受験生が複数の志望校を受験する場合、トー

タルに見れば、高確率で実力に見合った結果が出ます。実際、開成中学で残念な結果になった2名は、どちらも開成中学とほぼ同じ難易度の別の学校に合格しています。ただ単体の入試結果で見れば、特に難関校入試は受験者の実力が高いレベルで拮抗しているが故に、十分な実力があっても運の影響を受けてしまうことがあります。

⑤ 難関校の合格可能性は初期段階でも予測できる

　将来的に難関校を狙える可能性のある受験生が、実際に最後まで難関校を目指す場合もあれば、途中で断念する場合、最初から挑戦しない場合もあります。

　特に、最初から挑戦しない受験生や親御さんの多くは「自分（お子様）が難関校を狙える立場にいる」ということに気付いていないケースが多いと感じます。そのような受験生や親御さんに「難関校を狙える立場にいる」ことを私が伝えると、一転して難関校を目指すという場合もあります。

　逆に、塾の通常模試（マンスリーテストなど）では好成績を維持しているものの、実際は難関校を狙うことが厳しい受験生もいます。そのような受験生でも、難関校を目指していく中で（可能性が低いと気付いた時点で）方向転換できれば問題ないのですが、早い時期での好成績の残像があるが故に、最後まで目指してしまうというケースが多いように感じます。

　難関校の合格可能性は、比較的早い時期に予測することができ

ます。その際にポイントになるのは「初めて学習する内容を理解・定着させるのに、どの程度の反復が必要か」ということです。

　中学受験算数は学年が上がるにつれて学習内容のレベルが上がり、塾で課される課題の量も増えていきます。そのため、４年生までは「反復を徹底して好成績を維持する」という方式が成立しやすいのですが、５年生以降は徐々に厳しくなり、６年生になると成立しづらくなります。

　次の資料（25ページ参照）は、私が家庭教師で実施している初期課題について、正答率の分布と志望校の目安をまとめたものです。初期課題の平均実施時期は５年生４月ですが、ここでの結果と最終的な難関校入試における結果には十分な相関が見られます。

　初期課題には速さ、割合、図形と比など、先取り学習で触れたことはあるものの、この時点で塾では習っていない範囲が多く含まれています。反復を徹底して好成績を維持するタイプの受験生の場合、先取り学習のみでは反復する状態になっていないこともあり、この初期課題では苦戦する傾向があります。

　実際、塾で好成績を維持して最難関校を目指していた「反復・

初期課題・資料（正答率・分布・志望校目安）

正答率	分布	志望校の目安（※1）
95%以上	8%	
90%以上95%未満	20%	灘、筑駒
85%以上90%未満	16%	開成
80%以上85%未満	12%	聖光、西大和（東京）
75%以上80%未満	16%	渋幕、桜蔭
70%以上75%未満	16%	麻布、駒東、女子学院、豊島岡
65%以上70%未満	8%	浅野、雙葉
65%未満	4%	

課題の難易度	難関校対策プログラム・レベル2相当（※2）
課題の内容	全範囲の基本・標準問題（基本80%、標準20%）
標準実施時期	5年前期（平均実施時期：5年4月）（※3）
問題数	134問（文章題52問、図形40問、数論42問）
平均正答率	81%
対象母集団	難関校志望者

※1：将来的に合格可能性50%を見込める志望校

※2：「予習シリーズ」の必修例題・基本問題と同難度が80%、応用例題・練習問題と同難度が20%

※3：最多実施時期は5年5〜6月（実施者の40%程度）

徹底」タイプの受験生が、初期課題で正答率70％を切るという
ケースもありました。それでも5年生の内は塾の通常模試で一
定の結果が出ていたのですが、本格的な難関校対策になると頭
打ちになり、私が実施している難関校対策プログラムも継続す
ることが難しい状況になりました。

　逆に、塾では決して好成績ではなかったものの、初期課題の
状況から難関校を十分に狙えることが予測されて、最終的に最
難関校に合格した受験生もいます。

⑥ 算数で勝負しやすい学校・しづらい学校

　算数が得意な受験生の場合、算数で他の受験生に差をつけて優位に立つ(算数で勝負する)ことが基本的な作戦となります。ただ、それが通用しやすい（算数で勝負しやすい）学校もあれば、しづらい学校もあります。首都圏の男子難関校の場合、前者には開成や聖光学院、後者には筑駒や麻布といった学校が挙げられます。

　開成や聖光学院も算数以外の科目が明らかに弱い場合は厳しくなりますが、少し弱い程度であれば、そのマイナス分を算数でカバーすることが十分に可能です。一方で筑駒や麻布は、他科目のマイナス分を算数でカバーするという作戦が通用しづらく、算数勝負の受験生は苦戦する傾向があります。

　開成は、試験全体の合計点に対する算数の配点率が27％（310点中85点）と比較的高いだけでなく、算数自体も実力に準じて得点差がつきやすい傾向があります。私が家庭教師で関わった過去の合格者の自己採点では、算数の合格ラインを平均10〜15点上回っています（※1）が、それが合格に直結している可能性が高いと考えられます。

一方、筑駒は試験全体の合計点に対する算数の配点率が20％（報告書も含めて500点中100点）と低いだけでなく、算数自体も実力に準じた得点差がつきづらい傾向があります。過去の受験者の自己採点では、算数は（難化した年度を除いて）平均83点前後で、算数単体での合格ラインは超えていたとしても、他の科目や報告書でのマイナス分を補えるほど大きなものではない可能性が高いです。（※2）

　聖光学院と麻布は、両校とも算数の配点率が30％と比較的高いのですが、聖光学院の算数が実力に準じて得点差がつきやすい傾向があるのに対して、麻布の算数は比較的苦手な受験生でも一定以上の点数がとれることが多く、実力に準じた得点差がつきづらい傾向があります。

　ここでは首都圏の男子難関校を例に挙げましたが、算数で勝負しやすい学校であるかどうかは、算数が得意な受験生、苦手な受験生のいずれにとっても大きな意味を持ちます。

※1，2：開成、筑駒とも部分点を含めずに算出していますので、実際の得点は自己採点から少し上がる可能性が高いです。

⑦ 早い時期に失敗への免疫をつける

　難関校受験生の多くは、塾の通常模試（マンスリーテストなど）で早い時期から安定して好成績をとっています。首都圏のサピックス生であれば偏差値60以上を維持していたり、さらに上位の受験生になると偏差値65以上、70以上ということもあります。ただ、そのような受験生も6年生後期の学校別模試では偏差値50を切るなど、厳しい結果になることが多々あります。

　通常模試では多少ミスが出ても極端に成績が下がることは少ないのですが、学校別模試は通常模試と違って受験者の実力が拮抗しているため、少しのミスで大きく順位や偏差値を落とすことになります。難関校受験生の多くは、ミスによって劇的に成績が下がるという経験を6年生後期の学校別模試で初めて経験することになります。

　例えば開成模試の算数でミスが重なると、1問の配点が大きいこともあり、簡単に（85点満点で）15〜20点という大きな点数を失ってしまいます。そして、偏差値では10〜15ほど下がる結果になります。

開成模試のボーダーライン（合格可能性50％）は偏差値52〜53となることが多いのですが、本来は偏差値60をとれるはずの受験生が、ミスが重なることで偏差値45になるということは普通にあります。つまり、余裕を持って合格できるレベルの実力があるにも関わらず、ミスにより合格圏外の結果まで簡単に落ちてしまうことになります。

　常に好成績を維持していた受験生の場合、失敗への免疫がないことにより、そのような結果が出ると一気に自信を失い、親御さんもパニックになってしまうことがあります。そして、本来は合格できるレベルの実力を持っているにも関わらず、受験生と親御さんのいずれか（または両方）が冷静さを失い、自滅・迷走して合格できなくなってしまうケースがあります。

　大半の難関校受験生は、6年生後期になると（学校別模試など）それまでに経験したことのない厳しい成績をとってしまったり、課題のレベルが上がることで解けない問題や理解できない問題が増えるという状況に直面します。

　失敗に対する免疫がある受験生や親御さんであれば、そのような厳しい状況にも冷静に対処したり正しい判断を行うことができ

るのですが、免疫がない場合は焦りや不安が強くなったり、冷静でないが故に致命的な判断ミスをしてしまうことがあります。

　私は難関校受験生には、比較的早い時期から難易度の高い応用問題に取り組んだり、レベルの高い模試に挑戦することをおすすめしています。最初の内は失敗（問題が解けなかったり、模試で厳しい結果が出るなど）に対してショックを受けることもありますが、少しずつ免疫をつけていくことにより、その経験が6年生後期や入試本番の勝負所で生きていると感じます。

⑧ 応用力次第で補強すべき知識量は変わる

　中学受験において「応用力」という言葉が使われることがあります。「応用力」という言葉には色々な定義が考えられますが、1つには「持っている知識を、どれだけ遠い内容と結びつけ（関連付け）られるか」ということが挙げられます。

　算数でパターン学習から外れた問題が出た場合、基本的には、その問題のポイントに対して知っている知識（解法）を結びつけられれば解ける（結びつけられなければ解けない）ということになります。

　図1（**33ページ参照**）は、応用力のイメージを表したものです。応用力のレベルが高い順にA（応用力◎）、B（応用力○）、C（応用力△）、持っている知識を★印、対応可能な範囲を斜線で示しています。図2（**33ページ参照**）は、ある応用問題を解くにあたり、そのポイントを●印として、A、Cの対応状況を示したものです。

　持っている知識が同じでも、Aは対応可能な範囲が広いため問題のポイントに到達できるのですが、Cは到達できていません。

【図1】

A（応用力◎）　　　　B（応用力○）　　　　　C（応用力△）

【図2】

A　　　　　　　　　　　　　　　　C

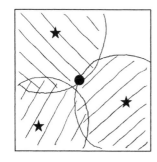 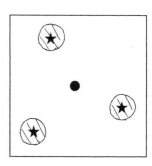

【図3】

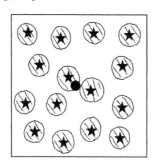

同じ課題を同じ完成度で仕上げても、応用力次第で結果に違いが出るということになります。しかし、Cも知識量を大幅に増やすことで状況は変わり、図3（**33ページ参照**）のように問題のポイントに到達できることになります。

応用力が強い受験生（A）は、他の難関校受験生並みの知識量があれば、結果的に十分なアドバンテージを得られることになります。そのため、そこまで知識量を増やすことにこだわる必要はないと言えます。逆に、応用力の弱い受験生（C）は、他の難関校受験生に対して「知識量で大きく上回る」というのが基本的な戦略となります。

「知識量を大きく上回る」というのは決して簡単なことではありませんが、インプット能力の高い（教わった内容を理解・定着させていくことが得意な）受験生にとっては、有効な作戦となります。

⑨ 思考力の強い受験生が知識を強化すれば 「鬼に金棒」となる

　算数の学習では、基本的には「塾で問題の解法を教わる→理解・定着させて類題を解けるようにする」というインプット作業を繰り返して、知識（解法）を増やしていくことになります。

　しかし、難関校入試では塾で教わる解法パターンから外れた問題も出題され、その出来が合否の分かれ目になることが多々あります。解法パターンから外れた問題については通常のインプット中心の学習では対応することが難しく、そこから先は思考力勝負になります。

　思考力については個人差も大きく、ある程度は訓練によって鍛えられますが、ポテンシャルで決まる部分もあります。私の感覚では、ポテンシャル決まる部分が６割で、残りの４割は訓練で鍛えられると感じています。当然、思考力の強い受験生は、難関校入試で有利になります。

　思考力の強い受験生は、思考系の応用問題には前向きに取り組

む一方で、インプット作業を好まない傾向があります。インプット作業を多少怠っても、思考力で知識の不足分をカバーして、それなりの結果を出せるということもあり、自分の好きな思考系の問題演習に偏った学習を行っているケースが少なからずあります。しかし、思考力の強い受験生にとって、インプット作業に力を入れることには非常に大きなメリットがあります。

　塾の通常模試（マンスリーテストなど）では、思考系の応用問題は少なく、基本的には知識系の問題が中心に出題されます。知識系の問題では思考力を要求されることが少なく、インプット作業の完成度が試験結果に反映されます。そのため、思考力の強い受験生でもインプット作業を怠れば好成績をとれなくなることがありますが、それで塾のクラスが落ちてしまうと受講する授業のレベルが下がり、本来の実力に合わない授業を受けることになります。

　また、意外に盲点になっているのは「知識が多い方が、思考系問題も解きやすくなる」ということです。思考系の応用問題には、解法パターンから完全に外れている問題と、解法パターンから部分的に外れている問題がありますが、後者については知識を応用して対応しますので、知識が多いほど解きやすくなります。

6年生後期から入試本番にかけて、思考力の強い受験生が伸び悩むケースがありますが、その多くは他の難関校受験生が知識を強化していく中で相対的に知識不足の状態になり、それがハンディキャップになっていることが原因です。逆に、思考力の強い受験生が知識を強化すれば、まさに「鬼に金棒」の状態になります。

⑩ 難易度に準じた得点能力は運に左右されにくい

　塾の通常模試において、正答率80％以上の易しい問題をミス等で多く落とす一方で、正答率10％未満の難しい問題を正解するという感じで、ある意味、難易度に逆らった得点をする傾向のある受験生もいて、特に思考力の強い受験生に多く見られます。

　無駄な失点をしている分、本来の実力より低い結果になることが多く、その状況に不満を感じている親御さんも多いようです。ただ、通常模試では多少のミスであれば影響は限定的で、それほど深刻な状況にはなりません。

　ただ、6年生後期の学校別模試や難関校入試においては、正答率の高い問題は漏れなく正解し、正答率の低い問題では無理をしない（時間を浪費しない）という効率的な得点能力と時間配分が必須となります。

　受験生の実力が拮抗している難関校入試では、高正答率の問題をミス等で落とすと、非常に厳しい状況になります。というのは、その失点分を他の（低正答率の）問題を正解することでカバーし

ようと思っても、そのためには他の難関校受験者を圧倒的に上回るレベルの実力が必要で、現実的には難しいからです。

　難関校の入試問題を、難易度順にＡ、Ｂ、Ｃとして、Ｘ君、Ｙ君の得点傾向をＸ君は「Ａ：100％、Ｂ：50％、Ｃ：0％」（Ａ問題は全問正解、Ｂ問題は半分正解）、Ｙ君は「Ａ：80％、Ｂ：60％、Ｃ：40％」とします。Ｘ君は難易度に準じて得点するタイプで、Ｙ君は易しい問題でのミスが多いものの難問には強く、本来の実力としてはＹ君の方が高いと言えます。

　もし試験の難易度構成が「Ａ：40点、Ｂ：30点：Ｃ：30点」（100点満点）とすると、Ｘ君は「Ａ：40点、Ｂ：15点：Ｃ：0点」という得点状況（合計55点）、Ｙ君は「Ａ：32点、Ｂ：18点：Ｃ：12点」という得点状況（合計62点）となり、Ｙ君がＸ君を7点上回ることになります。

　しかし試験が易化して、難易度構成が「Ａ：70点、Ｂ：20点：Ｃ：10点」（100点満点）とすると、Ｘ君は「Ａ：70点、Ｂ：10点：Ｃ：0点」という得点状況（合計80点）、Ｙ君は「Ａ：56点、Ｂ：12点：Ｃ：4点」という得点状況（合計72点）となり、今度は一転してＸ君がＹ君を8点上回ることになります。

極端な例に思われるかもしれませんが、実際の最難関校入試でも、前年まで合格ラインが５割だったのが、ある年度で突然易化して合格ラインが８割になるということはあります。

　難易度に準じて得点できるＸ君は、どのような難易度構成でも一定以上の結果が見込めるのに対して、Ｙ君は運任せの要素が残ってしまいます。Ｙ君のような受験生は、学校別模試で圧倒的な好成績をとることも多いのですが、高正答率の問題での失点状況を改善できれば、運に左右されにくくなります。

⑪ 思考系の応用問題を早い時期に開始する

　私は難関校対策として、思考系の応用問題を5年生前期の授業から実施しています。課題の難易度は塾で学習するレベルより明らかに高く、サピックスのα上位生（塾の通常模試での算数の得点率は85％以上)が実施して40〜60％の得点率になっています。

　思考系の応用問題については、もともとは5年生から実施していたわけではなく、2010年頃は6年生前期に開始していました。ただ、受験生全体のレベルアップに対応するために実施時期を年々早めてきて、現在は5年生前期に開始する形になりました。

　難関校受験生の適性について、大雑把には「知識・処理系が得意で思考系が苦手（Aタイプ)」「思考系が得意で知識・処理系が苦手（Bタイプ)」「どちらでもない（ABタイプ)」の3種類に分類できます。

　Aタイプの受験生は早熟の場合が多く、4年生〜5年生前期までは好成績になりやすいのですが、5年生後期〜6年生に伸び悩む傾向があります。特に難関校入試では厳しい結果になることが

多く、他の科目で算数をカバーできるかどうかという勝負になる可能性が高いです。

　Aタイプの受験生でも、思考系の応用問題を早期に開始して十分な時間と演習量を確保すれば、長期的に改善していくことが可能です。ただ、そのためには塾のフォローや復習テスト対策に費やしていた時間を削る必要があり、高確率で塾の成績は下がってしまいます。

　Aタイプの受験生や親御さんは、それまで好成績を維持していたが故に成績が下がることへの抵抗感が強く、塾の学習に費やす時間を削るという決断に至らない傾向があります。そのため、塾の成績は維持できることが多いのですが、思考系については改善する機会を逃した状態で６年生後期を迎えてしまうケースが多く見られます。

　難関校入試での合格率を上げるためには、塾の成績を少し犠牲にしてでも、思考系の応用問題を早い時期に開始することが有効です。また、そのような方針で対策を進めている難関校受験生が年々増えていることについても、注視しておく必要があるかと思います。

⑫ 難関校受験生の多くは作業・読解・数学系の応用問題が手薄になっている

　難関校で出題される思考系の応用問題は、次の4種類に分類できます。

　(1) 塾で学習する「受験算数」の延長で対応できる問題（算数系）

　(2) 主に作業力・処理能力が要求される問題（作業系）

　(3) 主に読解力・整理能力が要求される問題（読解系）

　(4) 数学的要素を含む問題（数学系）

　(1)はオーソドックスな応用問題で、基本的には塾で習得する知識・技術を駆使すれば対応できます。このタイプの応用問題が多く出題される学校は比較的対策が取りやすく、入試結果も塾の成績に比例する傾向があります。

　(2)は作業（書き出し等）や複雑な処理を、正確かつ手際よく行うことが要求される応用問題で、塾で成績上位の受験生でも苦戦する例が多く見られます。一部の難関校ではこのタイプの応用問題が多く出題され、合否に大きな影響を与えています。

　(3)は題意の理解が難しい（問題文が長い、内容が複雑、設定が

珍しい等）タイプの応用問題で、(2)と同じく成績上位生でも苦戦する例が多く見られます。

(4)は数学的要素を含む（公式等の知識が必要ということではなく、思考の過程が数学的という意味で）タイプの応用問題で、感覚ではなく理詰めで考えることが要求されます。なお、このタイプを多く経験して理詰めで考える能力が上がれば、(1)～(3)の応用問題にも対応しやすくなります。

(1)は塾の学習内容について完成度を高めていけば対応できることが多いのですが、(2)～(4)については手薄になっている難関校受験生が多く、実際の入試で苦戦する原因にもなっています。

私は難関校対策の授業で(2)～(4)の応用問題（作業・読解・数学系）を積極的に扱っていますが、そこまでの対策を行わなくても、(2)～(4)の応用問題についてお子様の傾向を把握しておくことは有効です。

例えば(3)の応用問題（読解系）が苦手だと感じたら、市販教材（『中学への算数』など）から長文問題を選んで取り組んでみるなど、弱点をピンポイントで強化していくことができます。逆に「とにかく応用問題が苦手だ」といった感じで弱点を特定できていな

ければ、状況を効率的に改善することは難しいでしょう。

　難関校受験において作業・読解・数学系の応用問題は盲点になりがちです。大雑把でも構いませんので、早い時期に応用問題についての傾向を確認しておくことをおすすめします。

⑬ 難問の攻略に欠かせないのは「耐性」を つけること

　各受験生にとって、算数の問題は「解ける問題」「解けない問題」「解ける可能性のある問題」の３種類に分けられます。「解ける問題」「解けない問題」というのは、文字通り、実力的に対応できる問題、対応できない問題ということですが、「解ける可能性のある問題」というのは、状況次第でどちらに転ぶ可能性もある問題ということです。

　例えば、問題を見た時点では解ける確信がなかったものの、試行錯誤していく中でポイントに気付き、そこから正解できるということがありますが、同じように取り組んでもポイントに気付けず、正解できないこともあります。それが、解けるかどうかが紙一重の「解ける可能性のある問題」です。

　特に受験者どうしの実力が拮抗している難関校入試では、解ける可能性のある問題をどれだけ拾えるかが合否の分かれ目になる傾向があります。もちろん、一般的には「難問」と言われるレベルの問題になりますので、十分な実力があるという前提ですが、

最終的に解けるかどうかは「解けそうだと思えるかどうか」が影響します。精神論に思われるかもしれませんが、その影響力は決して侮れないものがあります。

　授業中に生徒から「（難しくて）わからない」と言われた時に、私が「この問題は解けるよ」と伝えて再挑戦してもらうと、あっさり解けるということが時々あります。それは、私が励ましたから解けない問題が解けるようになったのではなく、本来は解けるはずの問題を（生徒が「無理だ」と思ったために）解けなくなっていたということです。

　難関校入試では、そういった「解ける可能性のある問題」が１、２問はあることが多いのですが、その１、２問を正解できるかどうかは合否に直結します。そして、そういう問題を解けると思えるかどうかは、難問への「耐性」の強さが影響します。

　難問への耐性が強いと、良い意味で「根拠のない自信」が生まれやすく、解けるという前提で（試行錯誤など）色々とアプローチすることによって、結果的に解けてしまうことがあります。逆に難問への耐性が弱いと、解けないだろうという前提で取り組んでしまうため、実は正しいアプローチをしているにも関わらず、途中で断念してしまうことが多くなります。

難問への耐性を鍛えるには、特別な方法ではなく、とにかく難問を大量に解いていくことが有効です。難問集としては『中学への算数』が定番ですが、各問題の解法を身につけるという目的だけでなく、耐性を鍛えるという目的も意識して取り組んでみることをおすすめします。

⑭ 数学の知識を無理に身につける必要はない

　熱心な親御さんから、お子様に数学の知識も身につけさせる方がいい（有利になる）のではないか、というご相談をいただくことがあります。具体的に「この問題で数学の知識が役立つ」というよりは、何となくその方が有利ではないかというイメージを持っておられるのかもしれません。

　個人的には、各問題について算数の解法を理解するという前提で、別解として数学の知識（解法）を身につけることは有効だと思います。数学の知識が直接的に活かせることはそれほど多くはありませんが、解法の幅を広げる意味で押さえておく価値はあります。

　ただ、あくまで「有利になることもある」程度ですので、算数の解法を理解しない状態で数学の解法を代用したり、数学の知識を習得することに多くの時間を費やすとなると話は違ってきます。それは「算数だから数学の知識を使うのは好ましくない」といったことではなく、単純に効率が悪くなるというのが理由です。

確かに、算数の応用問題で数学の知識が例外的に「ハマる」こともありますが、多くの場合は算数の解法で対応する方が確実です。また、問題集などの解説では基本的に算数の解法を紹介していますが、数学の解法を代用していた受験生は、その解説の内容を理解できなくなる場合があります。

　さらに、算数で明らかに役立つ数学の知識は、問題集などの解説で紹介されていたり、塾の難関校対策の授業で教わることが多いものです。しかも、数学の知識のままではなく、算数で使えるようにプロの指導者が加工した状態で説明してくれます。

　数学の知識は、積極的に身につけようとするのではなく、あくまで補助的な手段として無理のない形で身につけていく方が効率的です。

⑮ 図形センスは合否の決め手になりにくい

　図形関連のセンスを養う目的で、早い段階からパズル的な教材や知育玩具を積極的に活用されている親御さんも多いのではないでしょうか。親御さんから「(お子様が)図形のセンスがないので、応用問題が解けない」といった悩みをお聞きすることもあります。図形は他の分野以上に、センスが影響すると考えている親御さんも多いのではないかと思います。

　ただ私の経験上、難関校受験において図形センスが合否に与える影響は限定的です。確かに図形センスがあるに越したことはなく、また図形センスが突出していれば有利にはなりますが、大半は決定的な要因にはならないと感じます。

　例えば立体図形の応用問題は、空間把握能力が高ければ解きやすくはなりますが、大半の問題は受験勉強の中で習得する解法やテクニックを駆使すれば対応できます。中には受験勉強の範囲で対応するのが難しい難問もありますが、そのレベルの問題は正答率が低く、正解できなくても基本的には合否に影響しません。

実際、2020年度の開成中学では立体図形の難問が出題されましたが、合格者平均点が85点満点で49.5点（得点率58％）と6割を切っていたことを考えても、その問題の正答率は非常に低かったものと思われます。

　その年度の開成中学入試では、私が家庭教師で関わった生徒さんも3人が合格しましたが、その問題を完答できたのは1人だけでした。受験者全体で見ても、その立体図形の問題を解けたかどうかは（大半の受験者が解けず、差がつかないため）合否にあまり影響せず、残りの問題をどれだけ得点できたかが勝負のポイントだったのではないかと思います。

　難関校受験生の場合、図形について目指すべきなのは「大半の応用問題が解ける」という状態になることですが、そのために有効なのは「解法やテクニックといった知識を強化した上で、応用レベルの入試問題を大量に解く」ということです。実際、この方法で図形が得点源になり、難関校に合格した生徒さんが数多くいます。

　一方、図形センスに自信を持っているが故に知識強化に力を入れず、そのまま応用問題演習を続けていた受験生が、知識強化に力を入れた受験生に追い越されるケースも何度か見てきました。

パズル的な教材や知育玩具を純粋に楽しめるのであれば問題ないのですが、将来的に中学受験で優位になることを目的にしているのであれば、アプローチの方法を変えてみるのもいいかと思います。

⑯ 好きな勉強を優先することが正解の場合もある

　中学受験では、基本的には「好きな勉強」ではなく「やるべき勉強」を優先する必要があります。例えば、苦手科目を避けて得意科目ばかり勉強している受験生が難関校に合格することは、現実的には難しいでしょう。

　ただ、同じ科目内で好きな勉強を優先することは必ずしも間違いではなく、場合によってはその方が成果が出ることもあります。

　例えば、算数で課題Ａ（知識系）を完成させた後、課題Ｂ（思考系）に進むという計画を立てていたとします。知識を固めてから思考力を鍛えるというのは定石であり、効率性を考えれば計画通りに進めていくことが正解だと言えます。

　しかし、私は生徒さんが「早く課題Ｂに進みたい」と強く希望する場合には、課題Ａを一旦保留して（１、２ヶ月後に再開する等の条件で）課題Ｂに進んだり、課題Ａのペースを落として同時進行で課題Ｂを進めるというように、計画を変更することがあり

ます。

　好きな勉強を優先することによる一番のメリットは、受験生自身が取り組みたいと思っている課題なので、モチベーションや集中力が自然と高まるということです。実際、本人が希望する課題に切り替えた後、私が想定していた２、３倍のペースで一気に課題を進めてしまう受験生も少なくありません。

　また、受験生自身が選択した課題を行うということに対する責任が発生して、それが良い意味でのプレッシャーになるという側面もあります。特に自己管理に長けていたり、責任感の強い受験生には、このプレッシャーが有効です。

　ただ、自己管理に不安があったり、そこまで責任感への意識が強くない受験生の場合は、好きな勉強を優先することが嫌いな勉強からの「逃げ」に過ぎず、逆効果になることもあります。

　好きな勉強を優先するというのは、必ずしも万人向けの方法ではありませんが、受験生の性質によっては非常に有効ですので、試してみる価値はあると思います。

⑰ ミスは家庭学習ではなく、実戦演習で減らしていく

　ミスの多さに悩んでいる親御さんは多い、というより悩んでいない親御さんの方が圧倒的に少ないのではないでしょうか。それくらい大多数の親御さんはお子様のミスの多さに悩みやストレスを感じ、それを改善するために家庭学習においても工夫や努力をされています。

　具体的な対処法としては、字を丁寧に書かせる、途中式を省略せずに書かせる、解いた後に見直しをさせるといった方法を実践されている親御さんも多いのではないかと思います。特に、算数の苦手な受験生の場合はそういった方法が改善のきっかけになることが少なくありません。

　ただ、難関校受験生の場合は「丁寧に解いて見直しを徹底する」という方法では思うように改善できず、悩んでいる親御さんも多いのではないでしょうか。実際、私の経験上でも、難関校受験生がそういった方法で効果的にミスを減らしたという成功例はあまり見たことがありません。

その理由の一つは、難関校受験生の多くは実力的に解ける問題が多いため、試験において丁寧に解いたり見直しを徹底するための時間的な余裕が少ないということです。

　例えば「制限時間50分、問題数30問」の模試で、実力的に15問しか解けない受験生の場合は、その15問を丁寧に解いて見直しをする時間的な余裕があります。

　一方で、27〜28問を解ける受験生の場合、1問を平均2分弱で処理する必要があるため、各問題を丁寧に解いて見直しを徹底するという方法は現実的ではありません。難関校入試や学校別模試でも、問題数は少なくなりますが問題の難易度は上がるため、やはり基本的には時間との勝負になります。

　もう一つの理由は、難関校受験生がミスをする原因の多くは、字が汚かったり途中式を省略することではなく、時間配分の失敗と精神的なプレッシャーにあるということです。

　私は難関校対策としてテスト形式の演習を行い、生徒さんが各問題に費やした時間を記録していますが、ミスの原因の80〜85％は時間配分の失敗（易しい問題に十分な時間をかけず、雑に

処理してしまうこと）にあると感じています。実際、回数を重ね
て時間配分を改善することで、多くの場合はミスが減っていきま
す。

　ただ、そういう生徒さんが学校別模試を受験すると、プレッ
シャーの影響もあり、普段は実践できていた正しい時間配分がで
きずにミスを多発してしまうことがあります。これについても、
学校別模試を数多く受験していく中でプレッシャーの影響を受け
にくくなり、正しい時間配分を実践できるようになる傾向があり
ます。

　ミスの原因が時間配分の失敗と精神的なプレッシャーにあるの
であれば、実戦演習の中で時間配分を意識的に改善したり、プレッ
シャーに慣れていくという方法が有効です。実戦演習の例として
学校別模試を挙げましたが、例えば他塾の公開テストを受験して、
アウェイの環境で同様の経験を重ねていくのもいいと思います。

⑱ 模範解答と同じ解法でなくてもよい

　問題集などを進めていると、自分の解法が解説の解法（模範解答）と違っていることもあります。そのような場合、答えが合っていても模範解答と同じ解法に直すべきか迷ったり、答えが合わなければ自分の解法で正しいのかどうか（解法は正しくてミスをしたのか、解法そのものが間違っているのか）判断に迷うことも少なくないのではないかと思います。

　模範解答は万人に向けたものですので、基本的にはオーソドックスで無駄のない、効率的な解法が紹介されています。集団授業などで多くの受験生に向けて同時に解説する場合は、模範解答が適しています。一方、自習など個別の状況においては、必ずしも模範解答と同じ解法でなくてもいいと思います。

　答えが合っていたけれど解法が模範解答と違う場合、その問題を短時間で解けたのであれば、基本的には自分の解法を修正する必要はありません。ただ、参考になる可能性もありますので、模範解答も軽く確認しておくといいでしょう。

答えは合っていたけれど、その問題を解くのに時間がかかっていたのであれば、自分の解法が非効率的だったり、理解が不十分である可能性が高いです。その場合は模範解答を確認した上で、自分の解法に改善の余地がないか検討してみる方がいいと思います。

　答えが合わず、模範解答が自分の解法と違っている場合は、受験生の状況によって対処法は異なります。

　算数の得意な受験生が「解けたはずなのに、答えが合わない」と言う場合、一見、独りよがりな解法をしているようでも、本人に説明してもらうと解法としては十分に成立していて、本筋以外の部分でミスをしているということが多いです。

　実質的には90％は解けていて、ミスの箇所だけ直せば解決するという状況ですので、まずはミスをしている箇所がないか探してみて、それでも発見できない場合は模範解答を理解していくようにする（または受験指導者などに質問する）といいでしょう。

　算数の苦手な受験生が「解けたはずなのに、答えが合わない」と言う場合、本人としては手応えがあっても、大筋で間違っていたり、直すべき箇所が多く、部分的な修正で対応するのが難しい

傾向があります。もちろん例外もありますが、基本的には自分の解法にこだわり過ぎず、模範解答を優先する方が効率的だと思います。

⑲ 計算練習を毎日行う必要はない

　計算練習は、サピックスの基礎トレや四谷大塚の計算教材など塾の自習内容に組み込まれていることが多く、毎日行うということに疑問を持っていない受験生、親御さんが多いのではないでしょうか。

　確かに、計算力の向上・維持のために計算練習は必要です。ただ、その目的が曖昧になってしまい、計算練習を行うこと自体が目的になっている場合も多いのではないかと思います。

　計算の技術そのものが十分に習得できていない段階では、計算練習を毎日行うことは有効です。例えば、計算ミスが明らかに多かったり、極端に時間がかかってしまう状態であれば、計算技術に関する能力（正確さ、スピード）を向上させる必要があります。特に将来的に難関校を目指すのであれば、計算練習を毎日行うことで少しでも早く状況を改善していく必要があります。

　一方、計算の技術そのものに大きな不安がない場合、基本的には「計算力を維持すること」が目的となります。例えば、サピッ

クスの基礎トレ1回分を10分以内で終えて10問中9問以上正解しているのであれば、計算力をそれ以上に向上させることに時間を費やすより、計算以外の能力を上げることに時間を費やしていく方が成功しやすくなります。そして計算力の維持を目的とするのであれば、週3回程度の計算練習でも問題ないでしょう。

　計算練習を毎日行うこと自体が悪いわけではありませんが、真面目な受験生や親御さんほど「計算練習は毎日行わないといけない」という強迫観念から続けているケースが多く見られます。

　計算練習は所要時間が短いこともあって惰性で続けている受験生も多く、難関校受験生の場合は5分以内で終えているケースも少なくありません。ただ、算数の学習に配分できる時間とエネルギーの内、少ないとは言っても数パーセントは計算練習に費やしているというのも事実です。

　計算力に関してお子様がどのような状況なのか、また計算練習は何を目的として行っているのかについて、改めて考えてみるのもいいかと思います。

⑳ 普段から途中式を書く必要はない

　普段の自宅学習において、お子様が途中式をきちんと書かないことを気にされる親御さんも多いのではないかと思います。これは算数の苦手なお子様に限ったことではなく、難関校受験生の親御さんからも「途中式を書くように注意しても直らない」というご相談をいただくことが多々あります。

　親御さんが途中式にこだわるのは、
・途中式をきちんと書くことが正しい学習法である
・途中式を書く方が（書かない場合に比べて）成果が出やすい
・途中式を書く形式の学校を志望している場合、普段から書い
　ていなければ実際の試験で書けない
といった認識を持っておられることが理由になっているかと思います。

　これらの理由は正論で、一見正しいように思えます。実は、私自身も中学受験指導を始めて間もない頃はそのような認識があり、受験生に対して途中式をきちんと書く指導を行っていました。

しかし、実際に難関校受験生に多く関わっていく中で感じたのは、模試や入試本番で結果を出している受験生ほど、普段の学習では途中式を書かない傾向があるということです。

　普段から途中式をきちんと書いている受験生は、そのことで1問に費やす時間が増えるため、全体としての演習量は減ってしまいます。例えば、途中式をきちんと書く受験生が10問を行う時間で、結果を出している受験生は（途中式を書く時間のロスがないため）15〜20問を行っていたりします。算数は、基本的には量をこなす方が成果が出やすい科目ですので、演習量の差が実力に反映されていくことになります。

　途中式を書く形式の学校（開成、桜蔭など）を志望している場合、普段から途中式を書いていなかった受験生は、学校別模試や過去問で最初は上手く書けないこともあります。しかし、上手く書けなかった答案をもとに書き方のコツや修正点を伝えると、数回程度で上手く書けるようになることが多いです。

　例外的に途中式を書く方がいいのは、問題を解き切れない（歯が立たないわけではないが、正解が出せない）場合です。途中式を書くことにより、自分がどこまで理解しているかが目に見える形になりますが、それをもとに解説を確認したり指導者に教わる

ことで、効率的に理解できるようになります。

　普段から途中式を書くべきということが常識のようになっていますが、特に難関校受験においては逆効果になってしまう可能性もあります。

㉑『プラスワン問題集』の効果的な取り組み方

　算数の定番教材は色々とありますが、その中で「定番中の定番」と言える教材の１つが『**プラスワン問題集**』（東京出版）です。2000 年の発売以来、圧倒的に多くの受験生（特に難関校受験生）に愛用されてきた問題集で、私も家庭教師の生徒さんには取り組んでいただいています。

　問題編は 57 ページあり、１ページあたりの問題数は６〜８問です。１日１ページずつ進めれば全体で約２ヶ月かかる計算になりますが、実際、それくらいが適切な期間だと思います。

　ただ、この『プラスワン問題集』の実施にあたり、１問につきどの程度の時間をかけるか、解けない問題が多いけれど続けてもいいのかなど、実際に進めていく中で判断に迷われる親御さんや受験生も多いようです。私も親御さんから、そのような相談をいただくことがたびたびあります。

　効果的な取り組み方はいくつかあると思いますが、私が個人的におすすめしているのは「１問単位ではなく、１ページ単位で時間を計って取り組む」という方法です。例えば、１ページの制限

時間を25分として、その時間内で（順番通りではなく）解けそうな問題から解いていくという、テストに近い感覚で実施します。

　この取り組み方の最大のメリットは、計画通りに進みやすいということです。1問単位で進める場合、気が付くと1問に15〜20分かけてしまうなど、時間をかけている割に量がこなせない結果に陥っているケースが多く見られます。一方、1ページの制限時間を決めて取り組めば、時間切れで（または歯が立たずに）手をつけられない問題は残るかもしれませんが、限られた時間内で強制的にノルマを完了させることができます。

　制限時間内で実施した後は、答え合わせと復習（解けなかった問題の解説を読んで理解する）を10分程度で行う感じになります。その時間内で理解できなかった問題は深追いせず、印をつけておいて数ヶ月後に再挑戦する（質問できる先生等がいれば教えてもらう）といいでしょう。

　『プラスワン問題集』を効果的に進めるポイントは、制限時間を決める（強制的に進める）ことと、難しい問題を深追いしないことの2点です。計画的に進められなかったり、効率的に取り組めていないと感じている場合は、意識していただくといいかもしれません。

㉒ 表面的な解法ではなく、アプローチの仕方を学習する

　難関校受験生にとって、最も定番と言える教材は『**プラスワン問題集**』『**ステップアップ演習**』『**中学への算数**』（いずれも東京出版）です。もちろん他にも有効な教材は数多くありますが、長年、多くの受験生に使用されてきたという点では、この3教材が圧倒的だと言えます。私も家庭教師の生徒さんには、難関校対策として積極的に取り組んでいただいています。

　順序としては、『プラスワン問題集』『ステップアップ演習』（以下『プラスワン』『ステップアップ』）で知識と思考力をレベルアップさせた上で、『中学への算数』（以下『中数』）で本格的な応用問題に取り組むという流れが効率的です。逆に言えば、プラスワン、ステップアップの時点で知識と思考力を十分にレベルアップできなければ、中数に入ってから苦戦することになります。

　難しいのは、プラスワン、ステップアップを一見同じように仕上げているにも関わらず、その後に中数をスムーズに進められる受験生もいれば、苦戦してしまう受験生もいるということです。

私はプラスワン、ステップアップを終えた生徒さんに確認テスト（各教材全体の中から20問を出題）を実施することが多いのですが、そこで好結果を出している（解ける問題が多い）にも関わらず、実際は知識や思考力を十分にレベルアップできていない（結果的に中数で苦戦する）生徒さんもいます。

　そのような生徒さんの多くに共通しているのは、各教材の解説に書かれている内容の本質を理解するのではなく、表面的な解法を覚えてしまっていることです。

　例えば、規則性の問題で、1回目、2回目、3回目、…と調べていく中で規則を発見して、その先は計算で処理するという内容の解説があります。この解説の本質は「規則が見えない場合は、具体例を試して取っ掛かりを掴む」ということで、それを理解した受験生は、本格的な応用問題でも同様のアプローチで対応できるようになります。

　一方、そのようなアプローチの仕方ではなく、試行して得られた規則性に注目して「このパターンでは、この規則性になる」という暗記で済ませてしまう受験生は、上記の確認テストでは好結果が出ても、本格的な応用問題になると対応できなくなる傾向が

あります。

　応用問題に苦戦している受験生は、その前段階で（アプローチの仕方ではなく）表面的な解法を暗記していたことがネックになっている可能性があります。思い当たる場合は、一時的に前段階の課題に戻り、十分に理解していると思っていた内容について再確認してみるといいかもしれません。

㉓ 「解けないが解説は理解できる問題」は 復習効果が高い

　算数の問題が解けなかった時に、解説を読んで理解できる場合と理解できない場合がありますが、それを一括りに「解けなかった問題」として処理するのではなく、きちんと区別して対処することをおすすめします。解説を読んで理解できた場合は「☆」、理解できなかった場合は「×」という感じで記録しておくのもいいでしょう。

　解説を読んで理解できる場合、その問題を解くための前提となる内容は理解できていたり、一度は解けるようになっていたけれど解法を忘れてしまったなど、あと一押しで解ける状態になることが少なくありません。そのため、復習にそれほど時間をかけたり努力することなく、効率的に「解ける問題」を増やすことができます。

　一方、解説を読んでも理解できない場合、解説に原因がある（説明がわかりづらい）可能性もありますが、その問題を解くための前提となる知識や理解が不足していたり、レベルが合っていない（現時点の実力に対して、その問題の難易度が高すぎる）といっ

たことが原因になっているケースが多いです。

　そのような問題を無理に復習しようとしても、時間がかかる割に得られる成果が少なく、頑張って勉強したという達成感だけが残る結果になりがちです。真面目な受験生や親御さんほど、そういった問題を何とか理解しようと時間を費やしてしまうことが多いのですが、そのような取り組み方を続けて成功した例は（私の関わった範囲では）記憶にないというのが正直なところです。

　私も受験生から「解説を理解できなかった問題」の質問を受けることがありますが、すぐに理解してもらえる場合もあれば、その問題の前提（1、2段階手前のレベル）に遡って説明する必要があるため相当な時間を要したり、実力的に難易度が高すぎると感じる場合もあります。前者の場合はその場で解説をしますが、後者の場合は解説せず、数ヶ月後に再実施することをおすすめするケースもあります。

　解けなかった問題については、解説を読んで理解できたかどうかを明確にした上で、理解できた問題は近日中に復習し、理解できなかった問題は先送りする（数ヶ月後に再実施する）という対処法が有効です。やみくもに復習を頑張るというのではなく、「復習効果」という意識を持って効率化を図ることも大切だと思います。

㉔ 苦手分野の自己申告は当てにならない

　受験生の親御さんから「〇〇の分野が苦手なので克服したい」といった相談を受けることがありますが、そのような自己申告が正しいこともあれば、間違っていることもあります。

　難関校受験生の場合、多いのは「場合の数が苦手」という相談です。特に算数の成績が良い受験生ほど、親御さんが「他の分野は何とかなっているけれど、場合の数はなかなか克服できない」と言われる傾向があります。

　私は難関校受験生を対象に分野別の応用問題演習（各分野30問前後）を行い、各分野の状況を診断しています。場合の数については、開成合格者12名が過去にこの課題を実施して平均正答率は71％でしたが、難関校受験生にとってはこの数値がベンチマークとなっています。

　場合の数が苦手だと自己申告されていて、この課題を実施しても正答率50％前後で実際に苦手だと診断できることもありましたが、逆に正答率が85％を超えていて、その結果と状況（場合

の数が他の難関校受験生に比べて得意な方だということ）を親御さんに伝えると驚かれることが何度かありました。

　場合の数について誤解（本当は苦手ではないにも関わらず、苦手だと親御さんが認識される）が多くなるのは、他の分野に比べて、親御さん自身が理解しやすい分野だということも理由にあると思います。

　中学受験の場合の数は、高校数学の確率と近い内容も多く、学生時代に数学が得意だった親御さんにとっては（他の分野に比べて）取り組みやすく見えてしまう傾向があります。そのため、「（他の分野について）これだけ難しい問題が解けるのに、（場合の数の）簡単な問題が解けない」と感じ、場合の数が苦手分野だと認識してしまうこともあるのではないかと思います。

　分野に関する自己申告以外でも、例えば親御さんが「インプットは苦手だが、思考系は得意なようだ」と言われていて実際は逆だったり、「ミスが多い」と言われていて実際は少ない方だったということもあります。

　現状について誤解があると、それを前提とする対策が的外れなものになってしまう可能性があります。判断が難しい場合もあり

ますが、指導者に相談したりデータを精査するなど、慎重に対応
していくことも必要だと思います。

㉕ 伸び悩みの多くは量をこなせていないことに原因がある

　受験生の親御さんから「頑張っているのに成果が出ない」といった相談を受けることがあります。詳しい話をお聞きすると、多くの場合は勉強時間も決して少ないわけではなく、十分に努力されていることが伝わります。

　伸び悩みについては、定着率が低い（学習した内容を十分に理解、吸収できていない）ことが原因になっている場合もありますが、それ以上に多いのは「実は量をこなせていない」というケースです。特に難関校受験生で、もともとの能力が決して低くないのに伸び悩んでいる場合、十中八九は量をこなせていないことが原因になっています。

　私は課題の進捗と実力の推移についてデータをとることがありますが、想像以上に明確な結果を得られることが多いです。一例として、数年前、難関校受験生7名の内、私が指定した課題を順調に消化していた4名（Aグループ）と滞っていた3名（Bグループ）について、5年11月と6年4月に受験したサピックスオー

プン模試の算数の結果を比較した時の状況を紹介したいと思います。

　5年11月の時点では、各グループの算数の平均偏差値の差は1ポイント（AグループがBグループより1ポイント高い）で、両グループの間でほぼ差がない状況でした。ただ、その後はAグループの受験生が圧倒的に多く（Bグループの4〜5倍程度）の課題をこなす状況が続いていました。

　そして5ヶ月後の6年4月に実施された同模試では、Aグループの算数の平均偏差値は5年11月に比べて5ポイント上がったのに対して、Bグループは9ポイント下がり、両グループの差は15ポイントまで拡大していました。少人数の母集団ですので厳密なデータではないかもしれませんが、十分に説得力のある結果だったのではないかと思います。

　親御さんが「量をこなせているかどうか」を客観的に判断することは難しく、このBグループの受験生のような状況に陥っているケースは非常に多いと思います。能力はあるはずなのに伸び悩んでいるのでしたら、実は量をこなせていないのではないか……と疑ってみてもいいのかもしれません。

㉖ 「頑張っている」という感覚に注意する

　親御さんや受験生が「頑張っている」と感じているにも関わらず、実際は（客観的には）量をこなせていないということは多々あります。「量より質の方が大切ではないか」という反論があるかもしれませんが、現実的には、量をこなしている受験生の方が質も高い傾向があります。

　量をこなしている受験生の方が「頑張っている」という感覚が弱く、量をこなせていない受験生の方が強くなるというのは不思議に思われるかもしれませんが、実は自然なことなのかもしれません。

　課題を行う際に、前向きな気持ちで取り組めなかったり、スムーズに進められない受験生や親御さんほど、その課題を行うことに対して苦痛や負担を感じてしまいます。そして、その苦痛や負担が「頑張っている」という感覚につながっているのではないかと思います。

　逆に、課題に対して前向きな気持ちで取り組んでいたり、スムー

ズに進められている受験生や親御さんほど、その課題を行うことに対して苦痛や負担を感じにくくなります。その結果、あまり「頑張っている」という感覚はなく、気付いたら大量の課題が終わっていたというケースが多いように思います。

「頑張っている」と感じているのは、課題に対して苦痛や負担を感じていることが原因になっていて、さらにそれは前向きな気持ちで取り組めず、スムーズに進められていないことが原因になっている可能性が高いのです。つまり「頑張っている」という感覚は、課題の量をこなせていないことの証左なのかもしれません。

　実際、１つ前の記事（伸び悩みの多くは量をこなせていないことに原因がある）で、ＡグループとＢグループ（ＡグループはＢグループの４〜５倍程度の課題をこなしている）の状況を紹介しましたが、Ｂグループの複数の親御さんは「これだけ頑張っているのに成果が出ない」という不満を言われていました。

　親御さんが「頑張っているのに成果が出ない」と思われている場合、その「頑張っている」と感じていることに対して疑問を持ち、現状を冷静に見直してみることも必要かもしれません。

㉗ 得意分野の「劣化」に注意する

　ほぼすべての中学受験生は、算数について苦手分野を抱えています。算数が得意科目の受験生でも、全分野が均等に得意だというケースは非常に少なく、苦手意識を感じている分野はあるものです。

　苦手分野については、過去の塾教材を復習したり、市販教材に取り組んだり、個別指導で教わるなど、克服するために何らかの対処をしている受験生も多いと思います。一方で、得意分野については優先順位を下げて、手つかずの状態で放置してしまう傾向があります。

　明らかな苦手分野がある場合は、補強して（同じ志望校を受験する）他の受験生とのギャップを解消していくことが必要です。ただ、注意しなければならないのは、得意分野も放置していると劣化してしまうということです。

　例えば、速さが得意で『中学への算数』等の応用問題も十分に解けている受験生が、速さは大丈夫（難関校レベルの問題が解け

る）だと判断して、苦手分野に注力する（速さは手つかずの状態で放置する）ケースがあります。その結果、苦手分野は克服できたとしても、得意分野だったはずの速さについては、以前は解けていたはずの問題が解けなくなったり、解けても時間がかかる状態になっていることがあります。

　大切なのは、得意分野でも放置することで実力は変動しないのではなく、目減りしてしまうということです。仮に（得意分野について）実力向上は目指さず、現状維持が目的だとしても、そのためには最低限の時間を割いてメンテナンスをしておく必要があります。特に６年生後期で得意分野の「劣化」が起こり、その自覚がないまま直前期（さらには入試本番）に突入してしまうことは避けたいものです。

　苦手分野を克服しつつ得意分野の実力を維持するためには、苦手分野：得意分野＝８：２（または７：３）の時間配分で学習していくというのが理想的です。苦手分野の強化と得意分野の劣化はトレードオフの関係にありますが、それを意識しておけば極端な時間配分による弊害を防ぐことができます

㉘ 各問題の理解度を４段階で記録する

　私は生徒さんに塾以外の課題を進めていただくことが多いのですが、親御さんに進捗状況をお聞きすると「全体の半分くらい終わっている」「ほとんど解けるページもあれば、なかなか解けないページもある」「解けない問題も、解説を読めば大体理解できている」といった報告をいただくことが多いです。

　そのような報告でも大体の状況は伝わりますが、具体的な部分は曖昧になっていて、報告を聞いた私だけでなく、親御さんと受験生も正確な状況を把握できていないのではないかと思います。また、受験生自身は「解けた」と思っている問題が、テストに出題されて解けないということもたびたびあります。

　正確な状況を把握するために私がおすすめしているのは、各問題の理解度を「◎、○、△、×」の４段階で記録するという方法です。

　短時間でミスせずに正解できた問題は「◎」と記録します。具体的には、２〜３分以内に解けたなら「短時間で解けた」と判断

していいかと思います。

　正解したけれど時間のかかった問題、解法は正しいけれどミスをしてしまった問題は「○」と記録します。正解しても５〜６分かかったとすれば、テストに類題が出題されても短時間では処理できず、結果的に解けないということが普通にあります。受験生自身は「解けた」と思っているかもしれませんが、再現性に疑問があるため「◎」ではなく、１段階落として評価しておく方がいいでしょう。

　ミスについては、解法は正しくて凡ミス（式が合っていて計算で間違えたなど）をしていた場合は「○」としますが、その問題のポイントに関わるミスであれば「理解不足」の可能性が高いので、もう１段階落として「△」と評価しておく必要があります。

　正解には至らないけれど、途中までは合っている（部分的に解ける）問題は「△」と記録します。一口に解けない問題と言っても、手も足も出ない場合もあれば、正解の一歩手前までは解けるという場合もあります。部分的に解ける問題は、復習に際して最も効率的に底上げできるという意味で「伸びしろの大きい問題」でもありますので、完全に解けない問題とは区別して評価しておく方がいいでしょう。

全体的に間違っていたり、取っ掛かりが掴めない問題は「×」と記録します。復習を効率的に行うためには、解説を読んで理解できたかどうかも区別して、解説を理解できた場合は「×」の代わりに「☆」と記録したり、評価を1段階上げて「△」と記録してもいいでしょう。

　各問題の理解度を2段階（○、×）で記録されている親御さんや受験生も多いのですが、そうすると凡ミスによる不正解だった問題（実質的な理解度は99％）と歯が立たない問題（同0％）が同列になってしまい、復習も非効率的になりがちです。

　必ずしも4段階でなくてもいいのですが、後で見返した時に正確な状況がわかるように記録しておくことをおすすめします。

㉙ 進捗状況を数値化する

　課題などの全体的な進捗状況を正確に把握するためには、数値化することが有効です。

　例えば、ある問題集の全問題数が250問で、現時点で◎（短時間で正解できる）が60問、〇（時間がかかる、または凡ミス）が40問、△（部分的に解ける）が80問、×（解けない）が70問だとします。

　各状況の得点を◎は10点、〇は5点、△と×は0点とすると、全問◎だと10 × 250 = 2500点となるのに対して、現時点では10 × 60（◎の得点）＋ 5 × 40（〇の得点）＝ 800点ですので、進捗状況は800 ÷ 2500 = 0.32より、32％ということになります。

　上記のような状況に対して、数値化しない時点では「頑張って取り組んできて、解ける問題も増えている」と自己評価してしまう受験生や親御さんも多いのですが、数値化することで状況を誤認せず、良くも悪くも正確な状況が見えるようになります。

厳しい話に思われるかもしれませんが、一方、数値化することでモチベーションが上がるケースも多く見られます。

　先程の例では、ある日、復習して〇 10 問と△ 15 問が◎に変われば合計点が 200 点上がって 1000 点、進捗状況は 40％となり、1 日で 8％上がったことになります。個人差はありますが、特に難関校受験生はこのような「数値を上げる」ことがモチベーション向上に結び付く傾向があります。

　数値化により状況を明確にすることのメリットは多く、逆に数値化を避けて状況を曖昧にすることは、当面は精神的に楽かもしれませんが、長期的にはデメリットが多いのではないでしょうか。

　親御さんがお子様に押し付ける感じではなく、上手くコミュニケーションを取りながら、お子様の負担にならない感じで数値化してみるのもいいのではないかと思います。

㉚ 「何問解けたか」ではなく、「解ける問題が何問増えたか」を意識する

　算数の得意な受験生ほど、問題を自力で解くことにこだわる傾向があります。自力で解きたいという意欲が強いが故に、算数が得意になっているというケースも多いでしょう。ただ、学年が上がり、特に5年生後期以降になると、このような取り組み方が成立しづらくなります。

　自力で解くことにこだわると、1問に要する時間が長くなり、全体として量をこなせなくなる傾向があります。5年生前期までは塾の課題による負担も（5年生後期以降に比べて）比較的軽いため、実力の高い受験生であれば支障が出るケースが少ないのですが、5年生後期以降に塾の課題による負担が重くなると、少しずつ苦しくなってしまいます。

　大半の親御さんは（量をこなせないことで）課題が消化不良になることに敏感ですので、お子様に「少し考えて解けなかったら、解説を見なさい」と伝えるケースも多いでしょう。ただ、算数の得意な受験生ほど、自力で解けないということを認めたくなかっ

たり、すぐに解説を見ることに抵抗を感じる傾向がありますので、結果的に取り組み方が改善されないことの方が多いのではないかと思います。

　そのような場合に有効なのは、受験生本人の意識を「解ける問題が何問増えたか」に向けるということです。

　自力で問題が解けた場合、考えたり試行錯誤する過程で思考力を鍛えるという側面もありますが、一方で「もともと解ける問題が（実際に）解けた」という事実を確認したにすぎないという見方もできます。つまり「解ける問題の増加数」という点では、1問も増えていないことになります。

　自力で解けず、解説を読んで（理解して）解ける状態になれば、その瞬間に「解ける問題が1問増えた」ということになります。

　思考系の応用問題になると話が変わりますが、塾で教わる内容の大半を占める「パターン問題」については、身も蓋もない話をすれば「解ける問題の増加数」が、そのまま実力に反映されていくことになります。例えば、1日で解ける問題が5問増えれば、5問分の実力が上積みされることになります。

問題が解けた際に「○」印をつける一方で、解けなかったけれど解説を読んで理解できた問題に「☆」印をつけるのも１つの方法です。そうして、１日の学習が終わった時に「☆が何問あったか」を記録していくことで、受験生本人も自然に「解ける問題が何問増えたか」ということに意識が向くようになるかもしれません。

㉛ 苦手分野を得意分野に変える必要はない

　親御さんの多くは、苦手分野があることに対して敏感になる傾向があります。例えば、速さが苦手分野だと感じると、通常の学習に加えて、過去の塾教材や市販教材から速さの問題を拾って復習したり、受験指導者に速さの弱点補強をリクエストするといったケースも多いかと思います。

　明らかな苦手分野がある場合は、その分野を補強しておく必要があります。他の分野に比べて明らかに理解が不足していたり、模試で正答率50％以上の問題が何問も（凡ミスではなく）純粋に解けていないのだとすれば、その分野が穴になっている可能性が高いと言えます。

　しかし、十分に学習してきた上で苦手分野になっているのであれば、必ずしも無理に強化する必要がない場合もあります。

　難関校に合格するような受験生はすべての分野を満遍なくできる、というイメージを持っている親御さんも多いのですが、そのような難関校合格者は少数派です。実際、筑駒や開成などの最難

関校に合格している受験生の多くは、最終的に得意分野と苦手分野が存在している状態で入試を突破しています。

　各分野の攻略において、高いレベルの勝負になるほど、努力で到達できる領域と才能がなければ到達できない領域が存在します。例えば、立体図形は突出した才能がある（筑駒、開成の上位合格者レベル）一方で、他の分野はそこまででない（筑駒、開成の受験者平均レベル）という受験生もいれば、数論分野（規則性、場合の数、整数）は突出しているけれど、文章題と図形分野はそこまででないという受験生もいます。

　前者の受験生が、得意な立体図形を放置して他の分野に力を入れすぎると、気づいた時には立体図形の実力が下がり、強みを失っていたということもあります。特に、入試直前期のその状況になると、不安を抱えたまま入試本番に臨む結果になってしまいます。

　演習不足などが原因ではなく、十分に努力してきた上で生じた苦手分野については、無理に矯正しようとすることで別のリスクが発生します。苦手分野を無理に得意分野に変えようとするのではなく、ある程度の傾向は受け入れた上で全体のバランスをとっていくことをおすすめします。

㉜「再現性」を意識できる受験生は勝負強い

　私は６年生の難関校対策として『中学への算数』の確認テスト
を行うことがあります。『中学への算数』は自主課題（宿題）と
して進めてもらっていますが、毎回の授業で確認テストを行い、
定着率を数値化しています。

　確認テストでは学習した範囲からランダムに出題し、１小問３
分の制限時間で解いてもらいます。このテストで満点に近い点数
を安定してとれるようになれば、思考系の発展問題を除き、難関
校の入試問題にも十分に対応できるようになります。

　ただ、最初の頃は苦戦する生徒さんも多く、十分に理解してい
たつもりでも、確認テストでは 20 〜 30 点といった結果になるこ
とが少なくありません。特に１小問３分の制限時間がネックにな
ることが多く、解いている途中で時間切れになることもあれば、
制限時間のプレッシャーで解けなくなることもあります。

　確認テストで解けない問題は、十分に理解できていない、時間
をかければ解ける（短時間では解けない）といった状況が考えら

れますが、いずれの場合も類題が模試などで出題された場合に正解できずに終わる（または正解できても時間をロスしてしまい、試験全体では結果を出せない）可能性が高いです。

　時間をかけて正解した問題に対して「類題が試験に出たら、対応できないかもしれない」と考える慎重な受験生もいますが、そのように「再現性」を意識できる受験生は勝負強いことが多いです。逆に、時間がかかったことは気にせず、正解できたことに満足してしまう受験生は、結果的に勝負弱くなってしまうことがあります。

　『中学への算数』を例に挙げましたが、同じことが『四科のまとめ』『プラスワン問題集』等についても当てはまります。課題の進捗状況について「ほぼすべての問題が解けるようになった」と報告をいただいていても、確認テストをすると 40 〜 50 点という結果になることが少なくありません。

　以前、別の著書（『算数の戦略的学習法・難関中学編』）の中で「時間度外視の学習には再現性がない」という記事を書いたことがありますが、逆の見方をすれば、再現性を意識できるようになれば勝負強くなり、試験でも実力を発揮しやすくなります。

㉝ ミスが許されない場面では 1.5 ～ 2 倍の時間をかける

塾の通常模試では、例えば計算問題で１、２問ミスをしても少し成績が下がる程度で、致命傷になることはほぼありません。しかし、難関校入試では受験者の実力が拮抗しているため、計算問題でミスをした場合に（その失点分の）挽回は難しく、必ず正解しておく必要があります。

難関校入試では計算問題がほとんど出題されない学校もありますが、出題される学校は意外に多いものです。例えば 2021 年の首都圏の難関校入試では、聖光学院、桜蔭、駒東、武蔵、海城、渋渋、豊島岡、女子学院、慶應中等部といった学校で計算問題が出題されていました。

計算問題については、日々の計算練習（サピックスの基礎トレなど）において短時間で処理する習慣がついているため、速く解かなければならないという感覚が身についている受験生が多いと思います。ただ、その感覚で難関校入試に出題される複雑な計算問題に取り組むとミスをする可能性が高く、実際、学校別模試で

も計算問題の正答率は意外に低くなる傾向があります。

　そもそも、通常模試は制限時間に対して問題数が多いため、1問につき1分30秒〜2分程度の時間しかかけられないのですが、難関校入試は問題数が比較的少なく、1問につき3〜4分をかけられるという違いがあります。

　かけるべき時間より短時間で処理することで、基本的には精度は落ちるため、ミスは発生しやすくなります。

　例えば九九の計算15問を1分、つまり1問を4秒で解けば、まず間違えることはありません。しかし同じ九九の計算15問を10秒、つまり3問を2秒で解けば、普通にミスが発生します。これは極端な例ですが、後者と大差ない状況に陥っている受験生は多く見られます。

　個人差はありますが、急げばギリギリ解ける時間に対して、その1.5〜2倍の時間をかければ、ミスの発生率はかなり下がります。例えば、計算問題を急げば2分で解けるなら、あえて3〜4分かけて慎重に解くという感じになります。

　感覚的な話ですので、最初は加減が難しいかもしれませんが、

その場合はストップウォッチで所要時間を計測するのもいいで
しょう。

㉞ 合格するために「見栄えの良い答案」は必要ない

　開成、筑駒、桜蔭、灘（第2日）など、算数の試験において途中式（考え方）の記述を要求される難関校がありますが、途中式の記述について神経質になっている親御さんも多いと思います。また、そこまで神経質にはなっていなくても「難関校に合格するような受験生は、参考書の模範解答のような完璧な途中式を書いているはず」といったイメージを持っている親御さんも多いのではないかと思います。

　しかし、実際の難関校合格者の答案の多くは（パッと見た印象では）見栄えが悪く、多くの親御さんが想像しているものとは違っています。逆に、途中式が丁寧な字で整然と書かれているにも関わらず、十分な点数がとれていないというケースも多々あります。

　次の資料(100〜101ページ)は、開成模試の算数で1位をとったA君の実際の答案です。おそらく多くの親御さんがイメージしている「成績優秀な難関校受験生の答案」とは異なっているのではないかと思いますが、いかがでしょうか。

A君の答案はパッと見た印象では決して見栄えの良いものではなく、親御さんによっては「もっと丁寧な字で、整理して書きなさい」と注意されることがあるかもしれません。しかし、難関校入試を突破するという目的においては「お手本となる答案」だと私は考えています。

　A君の答案の最大の特長は、加点要素となる途中式、図、メモを十分に書き込んでいるということです。採点者の目線で見ても、この受験生が「どのように考えて（処理をして）、その解答に至ったのか」が非常に伝わりやすい内容になっています。実際、大問３の(2)(4)は正解できなかったものの、部分点（合計５点分）が与えられています。

　最難関校合格者の多くは（少なくとも私が関わった範囲では）A君と似た答案を作成していますが、算数の実力が高いことも理由になっています。

　算数の実力が高い受験生の場合、試験全体で「解ける可能性のある問題」が多いがゆえに、制限時間をフルに使って取り組む必要があります。そのため、結果的に時間の余裕がなくなり、途中式を丁寧な字で整然と書くことが難しくなってしまうというのが実情でもあります。

B 算　数

解答用紙

氏　　　名	得　点
	71

（注意）式や図や計算などは，他の場所や裏面などにかかないで，すべて解答用紙のその問題の場所にかきなさい。

1

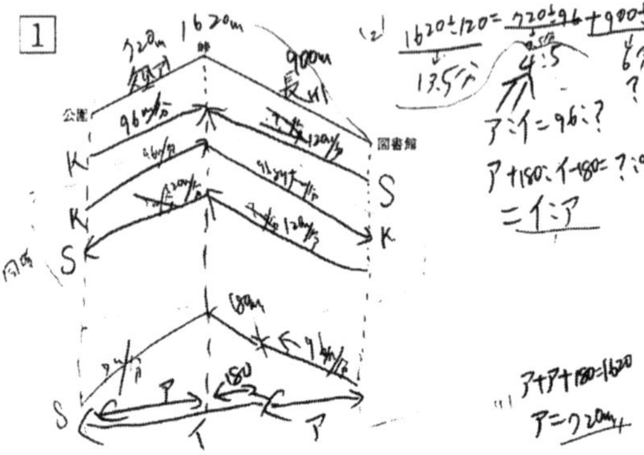

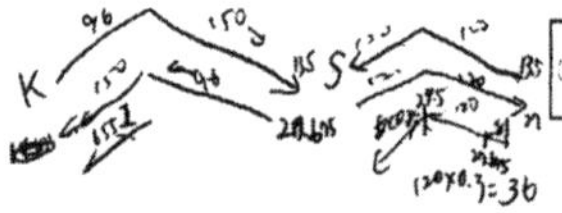

(1)	720	m
(2)	毎分 150	m
(3)	36	m

18

2

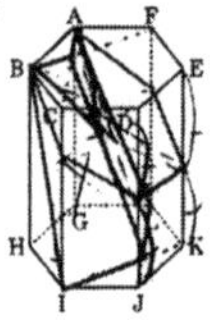

$\frac{2}{3}\times\frac{1}{2}=\frac{1}{3}$

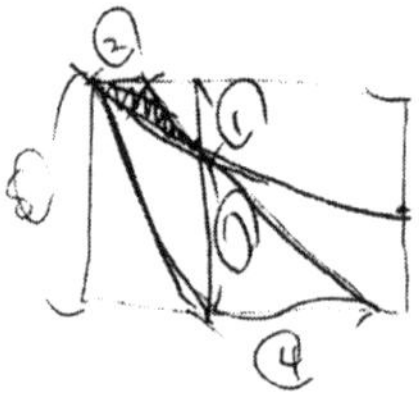

24→23

(1) ①

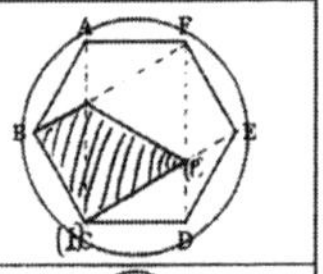

正六角形ABCDEFの $\frac{1}{3}$ 倍

(1) ②

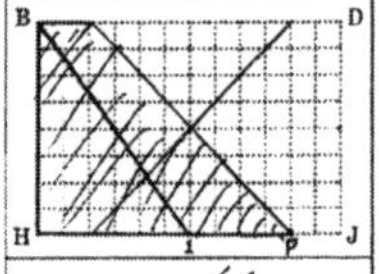

長方形BHJDの $\frac{1}{2}$ 倍

(2)	$\frac{23}{24}$	倍

15

C 算　数

解答用紙

（注意）式や図や計算などは，他の場所や裏面などにかかないで，すべて解答用紙のその問題の場所にかきなさい。

氏　　　名	得　点

3

(1) 269 枚

(2) 3 2 枚

(3) 2 回目

(4) 163 個　15

4

(1) 0.84 cm²

(2) ① 2.56 cm
② 6.48 cm²

(3) ① 50.12 cm
② 67.68 cm²　23

㉟ 大半の難関校受験生はアウトプット能力が盲点になっている

　難関校入試の算数では、インプット能力とアウトプット能力がともに高いレベルで要求されます。仮に片方の能力が突出していても、もう一方の能力が脆弱であれば、難関校入試においては厳しい勝負を強いられることになります。

　インプット能力は、塾などで教わった内容について理解を深め、問題演習などにより定着させていく力（学習能力）です。一般的には、インプット能力の高さが難関校合格に直結すると考えられています。

　アウトプット能力には、インプットした内容を再現する、または少しだけ応用させる力（再現力）、パターン学習から外れた問題に対応するために、インプットした内容を大幅に応用させる力（応用力）、実際の試験において効率的に得点する力（得点力）の３種類があります。

　塾の通常模試で好成績をとるために必要とされているのは、学

習能力と再現力です。難関校受験生の多くは学習能力と再現力に長けていて（それが故に、好成績を維持して塾の上位クラスに在籍しています）、普段の学習についても学習能力と再現力に関する内容が多くを占めています。

　一方で、実際の難関校入試では、学習能力や再現力と同程度（あるいはそれ以上）に応用力と得点力が要求されます。大半の難関校受験生は応用力と得点力を向上させるための学習が手薄になっているのが実情ですが、逆に言えば、この２つの能力が向上すれば、他の難関校受験生から突出できることになります。

　応用力を高めるためには、思考系応用問題の演習量を増やすことが必要不可欠です。ただ、それは理解していても時間の捻出が難しく、十分な演習量を確保できない受験生が多いというのが実情でもあります。

　安定して時間を捻出するためには、やる気云々ではなく、仕組み作りが必要になります。具体的には、先取り学習によって中長期的に学習の効率化を図ったり、１日の学習時間の前半に応用問題演習を行う（塾の課題は後半に行う）といった工夫をすることも有効です。

得点力を高めるためには、時間配分の改善が必要不可欠です。時間配分については本書のいくつかの記事でも触れていますので、よろしければご参考ください。

㊱ 学校別模試は「勝負強さ」を鍛える 最高の手段

　学校別模試は（その学校への）合格可能性を確認することが最大の目的ですが、それと同時に「勝負強さ」を鍛えるための手段としても有効です。

　難関校受験生や親御さんの多くは「勝負強さ」と言われても漠然としたイメージしかなく、勝負強さを鍛えるという発想がないかもしれません。入試は実力のある受験生が合格する、というのは真理ではありますが、その「実力」というのは純粋な実力（インプット能力とアウトプット能力）を指していて、勝負強さの与える影響力については過小評価されています。

　ただ、難関校入試において勝負強さの与える影響力は（一般的に考えられているより）高く、純粋な実力と入試本番での結果が逆転するケースもたびたび見られます。実力的に明らかに厳しい（合格可能性20％など）受験生が逆転合格するという例は少ないのですが、少し厳しい程度の受験生が勝負強さ故に合格を勝ち取るケースは多く、逆に合格圏内の受験生が勝負弱さ故に合格を逃

してしまうケースも少なくありません。

「勝負強さ」というのは、本来の実力の120％を出すといったことではなく（100％を超えるためには「運」の影響が必要です）、どれだけ100％に近い結果を出せるかということです。

　例えば、本来の実力が70点のA君と60点のB君がいて、A君が実力の80％を出せば70 × 0.8 = 56点、B君が95％を出せば60 × 0.95 = 57点となり、B君が逆転することになります。机上論に思われるかもしれませんが、これに近いことが入試本番では多く起こっています。

　勝負強さを鍛えるためには、プレッシャーのかかる場面を多く経験し、その中で失敗と改善を繰り返していくという方法が有効です。特に難関校受験生にとって、学校別模試は試験問題の難易度や傾向が本番に近く、通常模試にはない緊張感・緊迫感のある試験会場で実施できるという点でも、勝負強さを鍛える最高の手段と言えます。

　学校別模試の受験に対しては、試験会場までの移動時間や（試験による）拘束時間で半日近くが潰れることもあり、消極的な親御さんも多いと感じます。その分の時間を自宅学習でのインプッ

ト作業に充てる方が、より合格に近づけるという判断かもしれません。

　勝負強さの概念が薄い親御さんに理解していただくことは難しいのですが、難関校入試では勝負強さの影響力が意外に大きいことと、その勝負強さを鍛えるためには学校別模試などのプレッシャーのかかる場面での失敗と改善が有効だということを知っていただくと、方針や対策なども変わってくるのではないかと思います。

㊲ 高得点を目指すのは弱者の戦略

　自分の実力に自信のある受験生や向上心の強い受験生ほど、試験に際して「最低でも８割以上の点数をとる」「あわよくば満点をとる」と意気込み、高得点を目指す傾向があります。また、そこまで明確に意識はしていなくても、大半の難関校受験生は本能的には高得点を狙っているもので、試験が始まって予想以上に易しいと感じた場合には「満点をとれるかも」と考えてしまいます。

　しかし、高得点を目指すことは、結果的に得点力（得点の期待値）を下げてしまう傾向があります。確かに、実際に高得点をとれることもありますが、その意気込みが裏目に出てしまう可能性の方が高いというのが実情ではないかと思います。私の感覚では、狙い通りに高得点をとれる可能性が20～30％、普通の結果だったり裏目に出る可能性が70～80％という感じになります。

　高得点を目指すと、多くの場合は「易しい問題を短時間で処理して、難しい問題に十分な時間をかける」という時間配分になります。ただ、易しい問題を短時間で片付けようとすると、得てして処理が雑になるためにミスの発生率は上がります。

また「途中で難しい問題があった場合にパスできず、時間を浪費する」という失敗も多くなり、最悪の場合、試験の後半で時間切れになってしまうこともあります。

　高得点を目指すことは、実力のある受験生にとっては「ハイリスク・ローリターン」の作戦と言えます。普通に取り組んでいれば合格できるにも関わらず、わざわざ失敗する可能性のある方法を選択しているからです。

　仮に作戦が狙い通りにハマった場合でも、入試であれば「合格」という結果は（普通に取り組んだ場合と）同じです。一方、1、2問のミスで済む場合はともかく、時間切れになって大量失点という状況になると、一転して合格すること自体が怪しくなってしまいます。

　逆に、合格可能性が明らかに低い受験生にとっては、高得点を目指すことは正しい作戦となることがあります。

　例えば学校別模試での判定が常に合格可能性20％の場合、普通に取り組んでも合格することは難しいのですが、高得点狙いがハマった場合、本来の実力以上の結果を出せる可能性があります。

実際、最難関校に「一か八か」の作戦に臨んで合格したケースも少数ですがあります。

　合格を十分に見込める受験生は、大きな失敗をしないことがポイントになるため「高得点狙い」ではなく無難な作戦が有効ですが、普通に勝負しても厳しい受験生の場合は「高得点狙い」をすることも1つの作戦だと思います。

㊳ 時間配分には良い意味での「ドーピング効果」がある

　ほとんどの受験生は、一度は「時間配分に注意しなさい」と言われたことがあるのではないでしょうか。実際、入試本番において時間配分の技術は合否に大きな影響を与えます。

　ただ、時間配分の大切さを身をもって感じている受験生は、少ないのではないかと思います。塾の通常模試（マンスリーテストなど）においても、時間配分による影響は限定的で、6年生後半になって学校別模試や過去問演習を経験するまでは、時間配分の大切さを説明されてもピンと来ない受験生が大半だと思います。

　通常模試と学校別模試では、時間配分の影響力は大きく違います。通常模試の場合、150点満点で120点をとれる実力があれば、時間配分を失敗して100点になることはあっても、50点まで落ちるケースはほとんどありません。一方、学校別模試の場合、100点満点で70点をとれる実力があっても、時間配分を失敗して30点まで落ちるケースは普通にあります。

通常模試と学校別模試では、点数以上に偏差値の変動も大きくなります。母集団の実力差が幅広い通常模試では、多少ミスが重なって偏差値が10程度下がることはあっても、偏差値65の実力があれば偏差値30台になるというケースはほとんどありません。一方、受験者の実力が拮抗している学校別模試では、偏差値65の実力があっても偏差値30台になるというケースがあります。

　私は難関校対策の授業でテスト形式の演習をよく行いますが、私が横について時間配分の細かい指示を出すと、通常より大幅に点数が上がるということがあります。ある意味、時間配分がドーピング的な効果を発揮しているようにも見えます。ただ、これは「時間配分によって大幅に点数が上がった」というより、「本来とれるはずの点数が、不適切な時間配分によって失われていた」というのが実情だと思います。

　時間配分の基本は、易しい問題には十分な時間をかけて慎重に対処し、難しい問題には時間をかけないということです。この基本を実践するだけでも、十分な効果が期待できます。

　実力そのものを1、2週間で劇的に上げるということは基本的には不可能ですが、時間配分については比較的短期間で改善できます。特に時間配分がネックになっている受験生の場合は、時間

配分の改善が「ドーピング的な効果」に思えるほど、強い効果を
発揮することもあります。

㊴ 違和感で修正できる受験生は勝負強い

　ある問題でミスをしても、次の問題を解いている途中に違和感を持ち、前問に戻ってミスを修正できる受験生がときどきいます。一方で、そのようなケースで大多数の受験生は違和感を持つことがなく、ミスを修正できないまま進んでしまいます。

　違和感で修正できる受験生は、入試本番や重要な模試で小さな失敗をすることはあっても、致命傷になるような失敗（ミスが原因で大問を丸ごと落とすなど）をしない傾向があります。毎回、実力を100％出せるというわけではありませんが、安定して一定以上の結果を出すことが強みになっています。このタイプの受験生は総じて勝負強く、合格を見込んでいた学校の入試で想定外の不合格になるケースは非常に少ないです。

　逆に、違和感で修正することが少ない受験生は、仮に非常に高いレベルの実力があっても好不調の波が激しくなる傾向があります。このタイプの受験生は致命的な失敗をしてしまうことが少なからずあり、合格を見込んでいた学校の入試で想定外の不合格になるケースもあります。

違和感を持ちやすいかどうかは性格的な要素も大きいため、性格を変えることが難しいのと同様、違和感に関する傾向を変えることは難しいかもしれません。

　ただ、ある程度は有効な対策として「自分を疑う」という方法があります。例えば、計算問題で凡ミスをしやすい受験生の場合、まずは本人に「計算問題でミスが多い」ということを自覚してもらいます。そして、日々の学習において「またミスをするかもしれない」と、ある意味、自分に疑いの目を向けて慎重に取り組む癖をつけていきます。すると、ミスをしてしまった場合でも違和感を持ちやすくなります。

　次の問題に進んでから違和感を持って（前問に）戻るというのは高度なテクニックで、誰にでも実践できることではありませんが、その問題を解いている最中に（自分を疑い、慎重に取り組むことで）違和感を持つというのは比較的ハードルも低く、多くの受験生が実践できることでもあります。

　違和感を持つことで修正できるようになれば、例えば大問の(1)でミスをしたために(2)以降を全滅する、といった致命的な失敗がほぼなくなります。

㊵ 受験校選びで迷ったら、早めに過去問を解いてみる

　本命の志望校だけでなく併願校も含めて、受験校を決めかねたまま6年後期を迎える受験生も多いと思います。首都圏の受験生の場合、9月以降に過去問を開始したり、難関校であれば学校別模試を受験していく中で、各校について個別の状況（合格可能性）を知り、10〜11月に最終的な受験校を決定していく流れになることが多いのではないでしょうか。

　ただ、仮に11月に本命の志望校を変更した場合、入試本番までの残り時間が短いため万全な対策は難しくなる可能性が高く、併願校については、それ以上に対策が手薄になるでしょう。受験校の決定時期が早いほど、過去問演習に余裕をもって取り組めることに加えて、難関校の場合は本命校、併願校の両方について計画的に学校別模試を受験していくことが可能になります。

　志望校選びで迷っている場合におすすめしたいのは、早い時期に過去問を1、2回分、解いてみるということです。例えば、難易度の近いA中学とB中学で迷っているのであれば、とりあえず

両校の過去問を１、２回分ずつ解き、その結果を比較することで色々な状況が見えてきます。

　早い時期に過去問を解いても十分な点数がとれないと思われるかもしれませんが、合格最低点や受験者平均点に対してどの程度のギャップがあるかを確認するだけでも有効な情報が得られます。

　Ａ中学とＢ中学の算数の過去問を解いてみて、Ａ中学は受験者平均点の６割、Ｂ中学は受験者平均点の９割をとれているのであれば、Ｂ中学の方が明らかに相性が良いということがわかります。また、国語が苦手な受験生が両校の過去問を解いてみて、Ａ中学の国語は点数がとれないけれど、Ｂ中学の国語はそれなりに（足を引っ張らない程度に）とれるということもあります。

　このような「相性確認を目的とする過去問演習」の実施時期として、個人的におすすめしたいのは６年の夏休み前です。９月以降に実施する場合に比べれば点数がとれないかもしれませんが、現実的に合格できる可能性のある学校であれば、夏休み前に実施しても極端に低い点数にはならないでしょう。

　夏休み前に実施することの最大のメリットは、具体的な方向性

（どの学校を受験することになるか）が定まることで、緊張感や高い意識を持った状態で夏休みを過ごせるということです。例えば算数の問題についても、他の受験生が漠然と取り組んでいるのに対して、具体的な方向性が定まっている受験生は「こういう問題は〇〇中学で出そうだな」といった感覚を持ちやすくなります。

　本命の志望校や併願校について迷いがない場合は無理に実施しなくていいのですが、迷いがある場合は「過去問の解き比べ」を試してみる価値があります。

㊶ 過去問演習は疲れていない時に行う

志望校の過去問演習において注意するべきなのは、体力的に疲れていない時に行うということです。その日に過去問演習を予定していた場合でも、疲れのために集中することが難しいと判断したら、予定を変更して通常の学習を行うことをおすすめします。

疲れている状態で過去問演習を実施すると、次のようなデメリットが生じてしまいます。

(1) 正確な測定ができない
(2) 二度手間になる
(3) 自信をなくす
(4) 判断材料が減る

(1)は、疲れの影響でミスが多発するなど、本来の実力より極端に低い結果になりやすいということです。

(2)は、極端に低い結果になった場合、各問題について状況を精査する必要があり、余計な時間がかかるということです。

⑶は、極端に低い結果になった場合、無駄に自信をなくしたり、不安を感じてしまうということです。

⑷は、過去問1回分を無駄に消費してしまい、合格可能性を測る判断材料を減らしてしまうということです。

逆に疲れていない状態で過去問に取り組めば、(1) 〜 (4) のデメリットが生じる可能性が低く、有効な過去問演習を行うことができます。

本番では試験予定を変更できないのだから、過去問演習の予定も変更するべきではないと思われる方がいるかもしれません。

ただ、午前、午後と連続で別の学校を受験する場合を除けば、精神的な疲労はともかく、体力的に疲れた状態で本番に臨む可能性は低いので、その心配はあまり必要ないかと思います。

㊷ 過去問を無理に仕上げても意味がない

　受験生の多くは志望校の過去問演習を行う際、解けなかった問題については解説を読み、それでも理解できない場合は受験指導者に質問するなどして、すべての問題を理解しようとします。ただ、志望校への合格という目的に対しては、その取り組み方が逆効果になってしまう可能性が少なからずあります。

　例えば、算数の合格者平均が100点満点の70点とすると、単純に考えれば、残りの30点分は合格者の半数が解けなかったということになります。そのため、実力的にボーダーライン付近の受験者にとっては、その30点分の問題は基本的に「捨て問」であり、解ける可能性のある70点分が実質的な満点ということになります。

　ボーダーライン付近の受験者にとって大切なのは、本番では捨てるべき問題を判断よく捨てて、解ける可能性のある問題に十分な時間を配分する（それによってミス等による失点を防ぐ）ということです。そして、過去問演習では「どのレベルの問題が捨て問になるか（パスしても合格者平均点に届くか）」を点数を計算

しながら確認し、その感覚を身につける必要があります。

　しかし、無理にすべての問題を理解しようとすると、本来は捨て問にするべき問題も（親切な解説を読んだり、上手な説明を聞くと）解けそうな問題に見えてしまい、その感覚が狂ってしまう可能性があります。そして、肝心の入試本番で捨てるべき問題に時間を多くかけてしまうなど、致命的な失敗につながってしまうことがあります。

　解説を理解できない問題というのは、1、2段階手前のレベルを理解できていないことも多いものです。その場合、無理に理解しようとしても表面的な理解にしかならず、少し形が変われば対応できなくなる可能性が高いと言えます。

　過去問演習の本当の目的は、過去問の内容を完璧に仕上げて安心することではなく、その学校の受験生の実力的な相場（どのレベルの問題まで正解する必要があるか）を知ることです。

㊸ 本当に怖いのは難問ではなく易問

算数の試験において、多くの受験生は易しい問題を短時間で軽く解き、難しい問題は時間をかけて解きます。

私は難関校対策としてテスト形式の演習を行いますが、実戦演習に慣れていない生徒の場合、基本問題を 20 秒程度で解く一方、応用問題は 10 分以上かけてしまうということが少なからずあります。特に難関校受験生は、難易度の高い問題を正解したいという気持ちが強いことが多く、逆に計算問題や基本レベルの問題は（意識の有無に関わらず）軽視してしまう傾向があります。

ただ、特に難関校入試では易しい問題ほど実は怖く、細心の注意を払って対処する必要があります。

例えば、正答率 90％の易しい問題 1 と正答率 10％の難しい問題 2 があり、どちらも配点は 6 点とします。問題 2 が不正解だった場合、平均点は 6 点 × 0.1 ＝ 0.6 点なので、母集団に対して 0.6 点の差をつけられることになります。一方、問題 1 が不正解だった場合、平均点は 6 点 × 0.9 ＝ 5.4 点なので、母集団に対して 5.4

点の差をつけられることになります。

　入試の合否は、全科目の合計点について、母集団に対して何点の差をつけるか（つけられるか）で決まりますが、問題1を短時間で処理してミスした場合、そこだけで5点以上の差をつけられてしまいます。つまり、他の受験者が解けない問題を正解することで、その5点を挽回しなければならないことになります。

　ただ、難関校入試は受験者どうしの実力が拮抗していますので、他の受験者が解けない問題を正解するというのは、なかなか難しいものです。逆にそれが出来るのであれば、他の受験者に対して実力的に圧倒している可能性があります。

　「易問が怖い」というのは、不正解だと大きく差をつけられてしまうためダメージが大きく、不合格に直結しやすいということです。逆に「難問は怖くない」というのは、不正解でもダメージは小さく、合否にそれほど影響しないということです。

　「基本問題でミスしないように」と言われると説教臭くなりますが、数値で説明されると、受験生も納得しやすいのではないかと思います。

㊹ 単発ではなく複数回の結果で判断する

　一喜一憂という言葉がありますが、模試の結果に対して敏感に反応する親御さんや受験生は多いもので、特に難関校受験生ほどその傾向は強くなります。

　確かに、良い結果、悪い結果のいずれの場合にも（その結果になった）原因があり、それを慎重に分析して、必要があれば取り組み方を修正していくことも必要です。ただ、１回きりの模試の結果は実情を反映していない場合も多々あります。そのため、単発の結果に過剰に反応することで状況を誤認し、結果的に判断ミスにつながる可能性もあります。

　模試の結果には、良くも悪くも必然の要素と偶然の要素があります。実力が反映される部分（必然の要素）がある一方で、運やコンディションの影響を受ける部分（偶然の要素）があり、それが合わさったものが模試の結果となります。

　模試の結果に対して敏感に反応する親御さんは、必然の要素と偶然の要素を混同して、どちらも必然の要素として認識する傾向

があります。特に偶然の要素を過大評価すると、かなり高い確率で判断を誤ってしまいます。

　判断ミスを避けるためには、最低でも２回分、できれば３回分以上の結果をトータルで見ていくことが有効です。

　例えば模試を４回受験して、算数の偏差値が62 →64 →51 →63と推移したとすると、平均偏差値は60となります。ただ、３回目の偏差値51は異常値と考えるのが自然で、それを除いた３回分の平均偏差値63の方が実情を反映している可能性が高いと言えます。

　さらに、平均値と中央値では、中央値の方が実情を反映している可能性は高くなります。例えば、模試を５回受験して、Ａ君の算数の偏差値が65 →63 →42 →61 →59、Ｂ君が58 →60 →76 →59 →62と推移したとすると、Ａ君の平均値（平均偏差値）は58、中央値（５回中３番目に高い結果）は61、Ｂ君の平均値は63、中央値は60となります。

　平均値で比較するとＡ君が58、Ｂ君が63となり、Ｂ君の方が実力が高い印象を受けます。ただ、Ａ君は42という異常値が平均を下げているのに対して、Ｂ君は76という異常値が平均を上げているというのが実情です。一方、中央値ではＡ君が61、Ｂ

君が 60 とほぼ互角となりますが、実際にはこちらの評価が正しい可能性が高いでしょう。

　いずれにしても、単発ではなく複数回の結果をトータルで評価する方が正しい状況を理解出来ることが多く、判断ミスを避けやすくなります。

㊺ 親の役目は「監督」ではなく「管理者」

　希学園の理事長をされている前田卓郎先生の著書『難関中学突破バイブル』の中で、「親はディレクター（監督）ではなく、マネージャー（管理者）に徹しなければならない」ということが書かれています。

　熱心な親御さんの中には当事者（本書では「大人の受験戦士」と表現されています）になっているケースが多いのですが、それで受験生本人が難関校受験に成功する可能性は非常に低く、逆に親御さんが一歩引いた立場からお子様のサポートに徹している方が明らかに成功率は高い、といった内容です。

　私は本書を発売直後（2006年）に読みましたが、当時は「そういうものなのか」と思う程度で、正直、ピンと来ていませんでした。ただ、その後の15年間に難関校受験生や親御さんに関わる中で、その法則が見事に当てはまるケースが多く、正にその通りだと感じるようになりました。

　さらに本書では、「監督」になっている親御さんの特徴の一つ

として「自分（親御さん自身）が受験すれば合格できるかも」という言葉が出てくることを挙げています。私の経験では、ご自身が（お子様が解けない）難問を解いて教えてあげたことを報告したり、ご自身の持論や仮説を積極的に伝えようとされている場合も、その親御さんが監督になっている可能性が高いのではないかと思います。

　親御さんが監督になると難関校受験の成功率が下がるのは、そのことで受験生本人の「我の強さ」が失われてしまうからかもしれません。

　意外に思われるかもしれませんが、最終的に開成、桜蔭、筑駒、灘といった最難関校に合格するのは「我の強い」タイプの受験生が圧倒的に多く、低学年の頃は別として、高学年（特に6年後期）になると親御さんの言うことを素直に聞きづらくなる傾向があります。本書にも「難関校に合格するのは、親が右向けと言えば、反対に左を向くような子供だ」ということが書かれています。

　一般的には、親御さんが熱心になるほど受験の成功率が上がると思われていますが、その熱心さが「監督」「管理者」のどちらに向かうかということについては、盲点になっているのではないかと思います。

㊻ ポジティブ思考と判断ミス

　一般的に中学受験生の親御さんには気難しい性格の方が多いと思われがちですが、ポジティブな性格の方も多くおられます。私が関わらせていただいている中でも、３割くらいの親御さんがポジティブな考え方をされています。

　ポジティブ思考の親御さんは性格的にも明るく気さくで、私に対しても気持ち良く接していただけることが多いです。また、お子様を励ましたり応援することに長けていることが多く、そのことがお子様にとっても非常にプラスになっているように思います。

　ただ、唯一の難点となり得るのが「判断ミスを犯しやすい」ということです。物事を楽観的に捉える習慣があるために、厳しい状況でも「何とかなるだろう」と考えたり、「これだけ頑張っているのだから上手くいってほしい」という願望が入ることで、特に受験校の選択の場面で見通しが甘くなってしまう傾向があります。

実際、ポジティブ思考の親御さんは、合格可能性を 20 〜 30%
高く見積もってしまう傾向があります。例えば、実質的な合格可
能性が 40%という状況であれば、合格可能性を 60 〜 70%と見積
もってしまいます。

　ポジティブ思考の親御さんは「相手の良い面に注目する」とい
う傾向がありますが、お子様に対しても「良かった時の成績」が
記憶に残りやすかったり、模試の成績が悪くて過去問の結果が良
い場合に「過去問が出来ているのだから大丈夫だ」と前向きに捉
えることがあります。常に前向きな評価をしてあげることは、長
期的にはお子様にとって非常にプラスになることだと思います
が、入試ということに限れば裏目に出る可能性があります。

　ポジティブ思考の親御さんが判断ミスを防ぐには、まずは親御
さん自身に「ポジティブ思考が故に、見通しが甘くなっているか
もしれない」ということを知っていただくことが必要です。そし
て、その上で指導を受けている先生等に客観的なアドバイス（感
覚的なものではなく、データに基づいた根拠のある意見）を求め
たり、親御さん自身が「自分が合格可能性 70%と思っているなら、
実際は 40%くらいかもしれない」というように見通しを修正さ
れることで、正確な状況を理解しやすくなります。

受験校の選択ミスは、お子様に「勝算のない勝負に挑ませる」ことになる可能性もあります。ご自身がポジティブ思考だと感じておられる親御さんは、一度、上記のことを意識されてみてはいかがでしょうか。

㊼ **無自覚に「不利な土俵」を選んでしまう**
受験生が多い

　志望校選びの相談を受けた際に、私は基本的には「入試問題との相性」を重要な判断材料とした上で提案を行っています。入試問題との相性を考慮するというのは、ほとんどの受験生・親御さんにとって常識的なことかもしれません。ただ、実際には（特に難関校受験において）相性が決して良いとは言えない学校を志望校（第１志望だけでなく、第２志望以降も含めて）に設定している例が多く見られます。

　相性の悪い学校を第１志望や第２志望に設定すると、基本的にはその受験日程を捨てる結果になります。第１、２志望には（楽に合格できる安全校ではなく）実力相応かそれ以上の学校を設定するのが一般的ですが、そこに相性の悪さが加わると実質的な合格可能性は 20 ～ 30％下がりますので、非常に厳しい勝負を強いられてしまいます。逆に相性の良い学校を選択すれば、実質的な合格可能性は 20 ～ 30％上がることになります。

　相性の悪い学校を志望校に設定している受験生は、相性の悪さ

に気付いていない、相性という発想そのものがない、相性の悪さに気付いているものの（努力や根性で）克服できると思っているなど様々な場合がありますが、いずれも無自覚に（あるいは、想定している以上に）「不利な土俵」を選んでいることになります。

　私は相性（または、相性＋難易度）を理由に志望校の変更を提案することがありますが、そのほとんどは「現時点の志望校設定では、明らかに勝算が低い」「一定以上の勝算はあるが、同ランクの別の学校の相性が明らかに良い」のいずれかの場合です。

　前者については、例えば現時点の志望校設定では合格可能性20％のところを、相性による志望校変更で40〜50％に上げる（相性＋難易度による志望校変更では70〜80％に上げる）という感じになります。後者については、例えば現時点の志望校設定では合格可能性50％のところを、相性による志望校変更で80％に上げるという感じになります。

　相性の悪さを十分に自覚した上で、どうしてもこの学校を受験したいという覚悟がある場合はいいのですが、そこまでの覚悟がない状態で「不利な土俵」を選んでしまっている可能性がある場合は、一度、相性について精査してみるのもいいかもしれません。

㊽「普通に出来た」ことを評価する

　模試の結果が返却された際、大多数の親御さんは、好成績に対しては高く評価するものの、まずまずの（悪くはないが会心でもない）成績に対しては高く評価しない傾向があります。

　個人的には、明らかに悪い成績の場合はともかく、まずまずの成績に対して親御さんはもっと高く評価するべきだと思います。それは受験生が可哀想だとか、モチベーションを上げるといった意味ではなく、そうすることが最終的な合格率を上げる可能性が高いからです。

　実際の入試本番で大切なのは、数回に１回の確率で抜群の結果を出すことではなく、すべての回で「大きな失敗をしない」ということです。特に、難関校入試では「（大きな失敗をせず）普通に出来る」ということが勝負のポイントになる傾向があります。

　例えば、実力の近いＡ君とＢ君がいて、直近５回の算数の偏差値が、Ａ君は63 →60 →62 →61 →64、Ｂ君は57 →71 →59 →68 →55だとします。２人とも平均偏差値は62ですが、Ａ君が安定して一

定以上の結果を出しているのに対して、B君は好不調の波があります。一見するとB君の方がずば抜けた結果（71、68）を出すことがあり、親御さん目線では高く評価される傾向があります。

　ただ、志望校のボーダーラインが偏差値60とすると、A君は5回受験して5回ともクリアしているのに対して、B君は5回中2回しかクリアできていないことになります。机上論に思われるかもしれませんが、実際の難関校入試において同様のケース（A君タイプの受験生が合格して、B君タイプの受験生が不合格になる）は多く見られます。

　親御さんから好成績の時に高く評価され、まずまずの成績の時に評価されないということが続くと、多くの受験生は意識するかどうかに関わらず、本能的に（高く評価されたいが故に）好成績を狙うようになります。

　好成績を狙うのは良いことではないかと思われるかもしれませんが、好成績をとるためには「易しい問題を短時間で済ませて、難しい問題に時間をかける」という時間配分が必要になることが多く、易しい問題でのミスが発生しやすくなります。その時間配分がハマった場合は好成績になりますが、ミスの多発で失敗することも多く、得てしてB君のような状況になります。

「普通に出来る」というのは、派手さはないのですが、難関校入試で合格する（合格最低点をクリアする）という目的に対しては、最も重要なポイントの1つでもあります。お子様がA君のような「失敗しない受験生」になるためにも、まずまずの成績に対してポジティブに評価することも大切だと思います。

㊾ おすすめの開成模試

難関校受験生の多くは塾の通常模試に加えて、個々の難関校に特化した学校別模試を受験します。私も家庭教師で指導している難関校受験生には、他塾のものも含めて積極的な受験を勧めています。特に首都圏の男子最難関校を目指している受験生の場合、比較的早い時期から開催されている開成模試を受験することが多くなっています。

一口に開成模試と言っても塾によって特徴や傾向があり、模試としての信頼性にも差があります。また、普段通っている塾の授業と（他塾の）開成模試の日程が重なった場合には、塾を休んででも開成模試を受験した方がいいのかなど、判断に迷われる方もおられます。

私が特に信頼性が高いと判断して生徒さんに受験を勧めているのは、サピックス、グノーブル、希学園の開成模試です。この３塾の開成模試は、多少無理をしてでも受験する価値があると思います。

▶ **サピックス**・開成模試の最大の特長は「圧倒的な受験者数」で、2020年11月の開成模試では920名（本番受験者1051名の約88％に相当）が受験していました。問題の質や難易度も適正で、総合的に判断して最も信頼性の高い開成模試と言えます。ただ、実施時期は6年後期の2回（9月、11月）ですので、早い時期に実力を確認したい場合には他塾の開成模試を利用する必要があります。

▶ **グノーブル**・開成模試の最大の特長は「本番に近い日程で、信頼性の高い開成模試を受験できる」ことです。2回目のサピックス・開成模試は11月に実施されますが、実際の入試本番（2月1日）までの期間は意外に長く、その間に状況が変化している可能性もあります。グノーブル・開成模試は受験者数が少ないことは難点ですが、12月20日前後に実施されることに加えて、問題の難易度も適正ですので、開成受験生の最終調整として非常に有用です。

▶ **希学園**・開成模試の最大の特長は「問題の難易度が入試本番に近い」ことです。実際の開成入試の算数の受験者平均点（2015～2021年の7年間）は85点満点で46.7点ですが、開成模試の多くは受験者平均点が20～30点台で本番より低くなっています。受験者平均点が25点を切る試験での結果は参考にな

らないことも多いのですが、希学園・開成模試の受験者平均点は他塾に比べて入試本番に近くなっています。グノーブル・開成模試以上に受験者数が少ないことは難点ですが、6年前期（5月、8月）にも実施されますので、比較的早い時期に実力を確認することができます。

この3塾以外では四谷大塚や浜学園の開成模試も受験する価値があると思いますが、塾の授業と日程が重なった場合には、個人的には無理をして受験することはおすすめしていません。

開成模試について塾別に比較しましたが、桜蔭や麻布など他の学校については少し事情が違ってきます。ただ、受験者数、問題の難易度、実施時期といったポイントは他の学校についても当てはまりますので、よろしければ参考にしてください。

⑤ 海陽（特別給費生）は最高の入試体験になる

　首都圏受験生の多くは２月に本命校の入試を迎えますが、１月に試験慣れの目的で１〜数校を受験します。進学先の候補を兼ねて（２月入試で失敗した場合に進学するなど）難しい学校を受験する場合もありますが、あくまで「入試を経験しておく」という意味合いで受験する場合は、余力を持って合格できる学校を受験校に選ぶケースが多いです。

　しかし、あえて難しい学校を試験慣れで受験するという選択肢もあります。首都圏の男子難関校受験生の場合は、12月に実施される海陽（特別給費生）が候補の１つになります。

　海陽（特別給費生）は合格可能性50％偏差値が開成に近く、実際、合格することが非常に難しい試験です。私が関わった受験生も過去（2014〜2020年度）に15人が受験しましたが、合格は２人のみで、残り13人は不合格（内、３人は繰り上げ合格）という結果でした。開成と同レベルの学校を、ほぼ対策なしにぶっつけ本番で受験するわけなので、当然の結果かもしれません。

　ただ、海陽（特別給費生）で不合格だった13人は、本命（ま

たは準本命）校の合格状況については、筑駒２人、灘１人、開成４人、聖光学院７人、渋幕８人、麻布４人というように、全体的に良い結果が出ています。

12月という実施時期もあり、海陽（特別給費生）の受験者は、初戦で「開成と同レベルの最難関校」を受験することになります。最初の試験で自信を失い、本命校の試験に悪影響があるのではないかと心配して、受験を見送る親御さんも少なくないと思います。しかし、少なくとも私が関わった受験生を見る限り、その予想とは逆の結果になっています。

海陽（特別給費生）は、試験問題の難易度が高いことに加えて、（受験した生徒さんに聞いた話では）試験会場の緊張感・緊迫感も想像以上で、練習だと思っていても、模試とは違うレベルで相当なプレッシャーがかかる試験です。そのような「最高レベルの入試」を一度経験しておくことで、本命校の試験では必要以上のプレッシャーを感じず、実力を発揮しやすくなるのではないかと思います。

海陽（特別給費生）は男子校ですが、首都圏の女子難関校受験生の場合は、共学校の西大和学園（東京会場）を受験することで同様の効果が期待できます。

　一般的に、失敗した時に言い訳をするということに対してはネガティブな印象を持たれることが多く、下手な言い訳をせずに反省するという方が好意的な印象を持たれる傾向があります。受験生でも、模試の成績が悪かった際に言い訳をすると、親御さんから怒られたり、呆れられるというのが関の山ではないかと思います。

　確かに、毎回のように成績の悪い受験生の場合は、親御さんに怒られたくないという理由で苦し紛れの言い訳をするケースも多く、説得力に欠けていたり屁理屈にしかなっていないことの方が多いかもしれません。しかし、失敗の原因が受験生自身にあるとは言い切れない場合もあり、それを的確に釈明できることは意外に重要です。

　以前、学校別模試の算数で設定を誤解して処理したために大問ごと全滅し、試験全体でも厳しい結果になったA君という生徒さんがいました。親御さんに追及された際、A君は「この問題文だと別の解釈（A君の解釈）もできるはず、本番ではそういう出題

ミスはないから大丈夫」と反論したそうですが、実際、別の解釈も可能な問題文になっていました。

　同じく学校別模試で成績が急落したＢさんは、親御さんに追及された際、「試験会場の周辺が騒々しくて集中できる環境ではなかった、本番ではそういうことがないから問題ない」と反論したそうです。

　見方によっては「自分の実力不足を認めず、言い訳をしている」と思われるかもしれませんが、実際の入試本番では２人とも非常に勝負強く、ほぼ完璧な結果を残していました。

　正当な理由で結果が悪かった場合に、一番怖いのは、受験生自身が自分の能力に対して疑問を感じてしまうことです。特に根が真面目な受験生ほどその傾向が強いのですが、自分の能力を信用できない受験生は勝負弱くなってしまいます。

　特に親御さんがヒステリックな性格の場合は、一度の悪い成績に対して過敏に反応することにより、その状況に拍車をかけてしまうケースが少なくありません。

　一方、的確な釈明をできる受験生は、自分の能力以外の要因を

（自分の能力と）区別しているため、たとえ結果が悪くても自分の能力に対して疑問を持たない傾向があります。そのような受験生は根本的に自信があるケースが多く、プレッシャーのかかる勝負所でも力を発揮しやすくなります。

(52) 直前期は情報と距離をとる

難関校受験生の親御さんは情報収集に熱心だったり長けている方が多く、そのことで基本的には受験の成功率を上げています。

ただ、不適切な情報に触れることで判断ミスを起こしたり、受験の成功率を下げてしまうことも多々あります。特に直前期での情報収集ミスは、致命的な判断ミスにつながることがあります。

2020 年 2 月 1 日の開成中学の入試直後、算数の試験問題を見て、私は「受験生は、非常に難しく感じたのではないか」という印象を受けました。もちろん私だけでなく、多くの算数指導者も同様の印象を受けていたことと思います。

しかし当日夜にネットの受験関連の掲示板を見ると、開成受験生の親御さんと思われる書き込みが多数ありましたが、算数については「易しくなった」「合格最低点が上がるはず」という声が優勢でした。また、プロの受験指導者の中にも「今年の算数は取り組みやすかった」という情報を発信している方がおられました。

実際の入試結果は、算数の受験者平均点は 38.6 点（85 点満点）

で、私が確認した範囲では2003年以降の18年間で最も低い点数でした。特に直近2年間の受験者平均点は51.0点、62.0点でしたので、数値的にも明らかに難化していたことがわかります。

　開成中学の受験者の多くは2月3日の筑駒中学を併願しますが、上記の情報に触れたことで「開成中学の合格は難しい」と判断し、実は開成中学に合格しているにも関わらず、2月3日は筑駒中学を諦めて（事前に出願していた）別の学校に変更した受験者も少なからずいたのではないかと思います。

　仮に不適切な情報に触れてしまっても、早い時期（4、5年生など）であれば、一時的に状況が悪化しても、改善するための時間が十分にあります。とりあえず多くの情報を集めて、その内の一部が役立てばいいという姿勢でも問題はないでしょう。

　ただ6年生になってから、特に直前期での情報収集ミスはダメージが大きく、さらに入試本番では致命傷になることがあります。

　情報収集が受験の成功率を上げることもあれば、下げてしまうこともあります。特に直前期は情報との関わり方に慎重になり、情報と距離をとることも必要です。

(53) 公文式は中学受験の成功率を底上げする

将来的に難関中学を目指すのであれば、低学年の内に計算力をある程度完成させておくことは常識と言えますが、そのための最も有力な方法は公文式です。公文式自体は数十年前からメジャーでしたが、当時は公文式を行っていた小学生が結果的に中学受験をするという感じでした。しかし今では最初から中学受験をするという前提があり、その事前準備という明確な意図を持って公文式を行う小学生が多くなっています。

一昔前は公文式に対する批判的な意見が指導者、受験生の双方から聞かれました。主張の根拠としては、公文式は内容を理解していない状態で機械的に計算方法を身につけさせるため、考えることが苦手な子供を量産するという感じです。中学受験で伸び悩んでいる生徒の親御さんから「公文式を行っていたから、考えるのが苦手な子になってしまった。もっと他のことをさせておけばよかった」という声を聞くこともありました。

ただ、公文式経験者で難関中学に合格する例が多くあるのも事実で、特に男子校の最難関中学（灘、筑駒、開成など）でその傾

向があります。実際、私が過去に指導してきた家庭教師の生徒さんでも、男子最難関校の合格者の７割くらいが公文式経験者です。中学受験ではありませんが、東大生に公文式経験者が多いということも『プレジデントファミリー』等の調査で明らかになっています。難関中学合格者や東大生が「考えるのが苦手な子（学生）」である可能性は低く、むしろ逆だと考えるのが自然です。

　個人的には、公文式経験と思考力との間には、ほぼ相関関係がないと感じています。身も蓋もない言い方をするなら、思考力の強い公文式経験者は、仮に公文式を経験していなくても思考力は強かった可能性が高いです。

　しかし、思考力の強い子供（大人もですが）は、計算に限らず処理能力全般に課題を抱えていることも多く、そういう子供が公文式で処理能力をレベルアップさせると「鬼に金棒」と言える状態になり、難関中学受験で成功する傾向があります。また、思考力に課題を抱えている子供も公文式で処理能力を鍛えることで、中学受験で本来の実力より高い結果を出している例が多くあります。いずれにしても、公文式は中学受験の成功率を底上げする結果になっています。

　現在では公文式経験者の成功情報が広まっていることもあり、

以前に比べると公文式に対して肯定的な意見の割合が増えています。中学受験に備えて公文式を行うこと自体に対する疑問は減っていて、そこから先の話（公文式を開始する時期、どの段階まで進めるか等）に焦点が移っている感があります。

54 公文式経験者は処理能力と馬力が強みになる

　難関中学受験の成功率に影響を与える要素はいくつかあります
が、その中でも特に算数において重要なのは「量をこなせるかど
うか」ということです。実際、私が過去12年間（2010年〜2021年）
に家庭教師で指導して開成中学に合格した生徒さんは15名（※）
いますが、彼らは1名の例外もなく「量をこなす」ことに長けて
いました。

　算数の実力は、ある程度は問題の演習量で決まります。少し乱
暴な例になりますが、立体切断の応用問題を5問解いた受験生が
50問解いた受験生に勝つことは（他の要素が同じであれば）ほ
ぼ不可能です。「量よりも質が大切だ」という考え方もありますが、
現実的には、量に勝る受験生が質でも勝っていることの方が圧倒
的に多いです。

　「量をこなす」というのは、限られた時間で他の受験生よりも多
くの課題をこなすということですが、そのために必要となるのが
処理能力（ある程度の正確さで速く処理する力）と馬力（長時間
集中して課題を進める力）です。この内のどちらかが欠けている

と、効率的に多くの課題をこなすということが難しくなってしまいます。

　難関中学に合格する公文式経験者に共通しているのは、公文式の大量の課題に（習慣として）取り組んでいく中で、計算力（計算の技術・解法）だけでなく、処理能力と馬力を習得していることです。もちろん公文式で習得した計算力は中学受験に生かされますが、長期的な成果という意味では、処理能力と馬力も大きな強みになります。

　処理能力と馬力は、「努力している感覚」と「実際の演習量」が必ずしも一致しない（反比例することも多い）ことの要因でもあります。処理能力と馬力が高いと負担を感じずに効率的に課題を多くこなせる一方で、処理能力と馬力に課題があると逆のことが起こります。後者の場合には「これだけ努力しているのに成果が出ない」と感じてしまいやすいのですが、客観的には「量をこなせていないので成果が出ない」ということが多々あります。

※サイト等に公開している開成中学の合格率（18名中14名合格、合格率78％）は「開成模試で算数以外の3科偏差値が平均52以上」という基準を満たす14名を合格者として算出しています。

⑤ 公文式はFまで終えればよい

　公文式は実際の学年に関係なく習熟度に応じて課題を進めるため、長期間続けることで小学生でも高校範囲の数学に到達することが少なくありません。実際、私が過去に家庭教師で関わった中でも、小学3、4年生までに公文式で高校数学を経験した後に公文式を中止（休止）して中学受験に専念し、難関中学に合格した生徒さんが何名かいます。

　多くの親御さんが判断に迷うのは「公文式でどこまで進めるべきか」ということです。公文式の課題はアルファベット順に段階が上がり、小学生の範囲はFで終わります。中学受験の事前学習として公文式を行っていた場合、G以降（数学）に進むべきかというのは悩ましいところです。

　G以降に進むことの中学受験でのメリットは、消去算や比の処理が得意になることです。中学2年範囲までの数学を終えて、方程式（1次方程式、連立方程式）や移項の処理を習得しておくと、消去算や比の処理で苦労する可能性は低くなります。

個人的にはＦまで終えるというのが、中学受験に向けては最も効率的だと思います。理由としては、Ｆまで終えれば中学受験に必要な計算技術は（小数は少し手薄ですが）ほぼ習得できることと、ポテンシャルの高い受験生であれば（公文式の経験がなくても）消去算や比の処理で苦戦する可能性は低いことが挙げられます。

　仮に小学２年生でＦまで終了した場合、中学受験での成功を最優先にするのであれば、Ｇ以降に進むよりも中学受験の先取り学習を始める方が有効です。中学受験に向けては「公文式でＦまで終了→中学受験の先取り学習」というのが、特に難関中学受験に向けては効率的な方法です。

　ただ、大学受験までを視野に入れるのであれば、一転して公文式のＧ以降を行うことの意味が出てきます。中学受験を成功させて難関中学に進学したはいいものの、入学後に成績が低迷してしまう受験生は少なくありません。特に英語と数学で学校の進度についていけなくなると、大学受験に向けては厳しくなってしまいます。

　しかし公文式で高校数学まで経験していると、少なくとも数学で苦戦する可能性は低くなります。実際、公文式で高校数学まで

経験していた過去の生徒さんの多くは、難関中学入学後に学年上位の成績をとっていたり、大学受験で難関大学に進学しています。彼らは数学に関しては最初から不安がないため数学以外の科目にも余裕をもって取り組めていて、それが好結果につながっているのではないかと感じます。

　本書では「難関中学受験の成功率を上げる」ための最短距離の方法を書いていますので、タイトルでは「公文式はFまで終えればよい」としましたが、中学入学以降のことを考える余裕があるのであれば、必ずしもそれが正解でないかもしれません。

56 公文式と中学受験では計算力の「質」が違う

　公文式で十分な計算力を習得した受験生は、中学受験の算数で苦戦することはあっても、計算に限れば苦戦する可能性は低くなります。公文式で少し手薄な「小数の計算」に関しては、最初の内は少し苦戦することもありますが、量をこなして慣れれば改善していきます。

　ただ同じ「計算力」と言っても、公文式と中学受験では「質」が少し違います。公文式では純粋な計算力（正攻法で処理すること）が求められていて、そのスピードと正確さを高めることを重視しています。一方、中学受験では効率的な計算力（工夫して処理すること）が求められています。

　公文式を経験して中学受験でも成功する受験生もいれば、苦戦する受験生もいますが、前者はその違いに適応できているのに対して、後者は適応できていない傾向があります。中学受験の算数では、正攻法で処理すると損をする（時間がかかり、ミスをしやすくなる）場面が多々ありますが、それに合わせて効率的に処理することに「モデルチェンジ」できるかどうかが、中学受験で成

功するかどうかの分かれ目になると言えます。

　意外に思われるかもしれませんが、地道な作業を嫌って「楽をしたい」という欲求が強い受験生の方が中学受験では成功しやすいというのが私の実感です。実際、過去に難関中学に合格した受験生の多くは良い意味で「面倒くさがり」で、計算に限らず、少しでも楽をできるような効率的な解法を好む傾向がありました。途中式や図（ダイヤグラム等）も、必要に迫られるまでは書かないという受験生も多くいました。一方で、地道な作業を好む受験生は、難関中学に合格した例もありますが少数派で、全体的には伸び悩む傾向があります。

　公文式で習得した計算力は間違いなく中学受験に生かされますが、さらに高いレベルで成功するためには、効率性を意識してアプローチを変える必要があります。親御さんには、途中式や図をきちんと書くような地道な作業を評価する（場合によっては強要する）方も少なくないのですが、実はその逆が正しいという可能性もあります。

57 難関校受験では「先取り学習」が常識になりつつある

「予復習」という言葉があるように、一般的には予習と復習はセットで扱われることが多いのですが、中学受験では復習重視の学習が主流です。中学受験生にとっての勉強は「授業→復習」の繰り返しで、予習を積極的に行う受験生は限られています。大手塾も授業を複数回受けた後に復習テスト（マンスリーテスト、組分けテスト等）を実施する流れになっているため、そのシステムの中で成果を出すことを意識すれば、自然に復習中心の学習になります。

　復習重視の学習法は、確実に一定以上の成果を上げるという目的には適しています。また、余力のない受験生にとっては予習まで手が回らないというのが実情でもあります。一方で余力のある受験生ほど予習を行う傾向があり、さらに成績上位生になるほど大幅な予習、いわゆる「先取り学習」を行う傾向があります。例えば、首都圏ではサピックスの α クラス（最上位クラス）に先取り学習を行う受験生が多いと言われています。

先取り学習を行う理由はシンプルで、難関校受験で有利になるからです。先取り学習を行うことで最初は負担が増えますが、軌道に乗ってからは「塾の授業が（先取り学習で行った内容の）復習の役割を果たす→塾の課題の所要時間が短縮されて余剰時間が生まれる→その時間を（先行投資として）先取り学習に充てられる」というサイクルになり、受験勉強全体が効率化されます。

　先取り学習が順調に進めば、他の受験生より早いタイミングで基礎固めの段階を卒業して、応用問題演習を開始できます。例えば算数の難問集の定番である『中学への算数』（以下「中数」）を５年生後期に開始できれば、入試までに（バックナンバーを含めて）数年分を行うことが十分に可能です。しかし６年生後期に開始すると、時期的な問題（過去問演習や通塾日増加で時間の確保が難しくなる）もあり、入試までに数冊終えることも簡単ではなくなります。

　中数には難関校入試に有効なエッセンスが凝縮されていますので、基本的には実施した冊数に応じて応用問題の経験値が上がります。私が指導している難関校受験生には30冊以上を実施してもらっていますが、その結果として開成合格率78％（18名中14名合格）、聖光学院合格率93％（15名中14名合格）、女子最難関校（桜蔭、豊島岡、女子学院）合格率92％（12名中11名合格）

など、確かな成果を実感しています。（※）

　圧倒的な能力を持つ受験生の場合は、十分な応用問題演習を行わなくても難関校入試に対応できることがあります。そういう天才肌の受験生は、応用問題について他の難関校受験生の数分の1程度の経験値しかなくても、遜色のない結果を残すことができます。ただ、大半の（天才肌でない）難関校受験生にとっては、先取り学習の実施によって最終的な応用問題演習の期間を長く確保することが有効な戦略となります。

※合格率の算出においては、例えば開成の場合は「開成模試で算数以外の3科偏差値が平均52以上」というように、各校について個別の基準を設定しています。

㊳ 先取り学習の正確な意味と具体的な方法

「予習」という言葉は浸透していますが、「先取り学習」と言われるとイメージしづらいかもしれません。「先取り学習がいい」と聞いて「予習すればいいのか」と解釈する方も多いのですが、少し意味は違います。

　大学受験の例で言えば、学校の翌日の授業範囲を学習することは「予習」、高校２年生で高校３年生の範囲を学習することは「先取り学習」となります。未習範囲を事前に学習するという意味ではどちらも「予習」ですが、数ヶ月〜１年分を前倒しで学習するような極端な予習は「先取り学習」ということになります。中学受験でも、塾の次回の授業範囲を学習することは「予習」、大幅に前倒しで学習することは「先取り学習」です。

　予習の目的は「授業を理解しやすくする」ことにあります。特に塾の授業内容についていけないという場合には、事前に授業内容を軽く学習して「取っ掛かり」を作っておくことで、予習をしない場合に比べて確実に授業内容は理解しやすくなります。一方、先取り学習の目的は「受験勉強全体の効率化」で、緊急の必要性

はない状況で常に先行投資を繰り返す感じになります。

　先取り学習には、四谷大塚の塾教材である「予習シリーズ」が適しています。予習シリーズの特長は、全体の構成や個別の内容（問題、解説）に偏りや癖が少なく、安心して使用できることです。例題が（導入としては）少し難しく、算数の苦手な受験生には取り組みづらいという難点はありますが、そういう意味でも「上級者向けの教科書」という感じで、難関校受験生の使用には向いています。

　四谷大塚のカリキュラムは改訂されることがあり、それに合わせて予習シリーズの構成も変わります。2020年の時点では4年上下、5年上下の4冊を使用すれば、一部の応用的な範囲を除いて網羅できますが、数年後には変わっている可能性もあります。

　取り組み方は、大雑把に言えば「応用はカットして基本のみを行う」という感じになります。私は家庭教師の生徒さんには、各回の必修例題と基本問題のみを行い、応用例題と練習問題はカットしてもらっています。また、総合回は丸ごとカットしています。

　先取り学習に使用する教材として、予習シリーズよりも適したものはあるかもしれません。ただ、入手することが難しかったり、

入手はできるけれど高額だったりする教材はおすすめしづらいというのが正直なところです。予習シリーズは4冊で合計1万円以内（2020年現在）であり、確実に入手することができます。いろいろな意味で失敗する可能性が低いという意味で、予習シリーズは無難な教材だと言えます。

(59) 先取り学習で意識するべきポイント

予習シリーズについて「必修例題と基本問題のみを行ってください」とお伝えすると、親御さんから「応用例題と練習問題も行った方がいいのではないか」と相談されることもあります。確かに応用例題と練習問題には重要な問題が多く、それを丸ごとカットすることには少なからず抵抗や不安があると思います。

ただ、意識するべきなのは「今は先取り学習を行っている」ということです。先取り学習の目的は、各単元の内容を深く理解して入試問題を解ける状態にすることではなく、最低限の基礎を理解して基本問題を解ける状態にすることです。前者が「完成度100%」を目指すのだとすれば、後者は「完成度60%以上」を目指すという感じになります。適切な表現ではないかもしれませんが、先取り学習では「欲張らない」ことがポイントになります。

ハードルを下げる（必修例題と基本問題のみに絞る）理由は、応用例題と練習問題も行う方法だと継続することが難しく、挫折する確率が高くなるからです。最初の内はモチベーションが高く、学習内容も比較的易しいためスムーズに進められます。しかし、

後になるほど学習内容は難しくなるため少しずつペースが落ち、最後は完全に進まなくなるという失敗例が多く見られます。

　必修例題と基本問題に関しても完璧に解ける状態を目指すのではなく、予習シリーズの4年上下は90％、5年上は75％、5年下は60％が解ける状態になれば、先取り学習としては十分に目的を達成しています。例えば、5年上を100％理解しようとしてペースダウンしたり挫折するのであれば、上記の達成率で最後まで終える方が（難関中学への合格という目標に向けて）明らかに意味があります。

　先取り学習では「時間をかけすぎない」ということも重要なポイントです。例えば、先取り学習を4年生から開始して5年生の終わりまでかかってしまうと、そもそも「先取り」ではなくなってしまいます。そこまで極端でなくても、先取り学習のペースが遅れれば遅れるほど効果は薄れてしまいます。

　具体的な所要期間は、開始時期にもよりますが、予習シリーズ4冊（4年上下、5年上下）で6ヶ月というのが1つの目安となります。4冊で6ヶ月と聞くと「1冊1ヶ月半」という計画を立ててしまう方が多いのですが、4年上下、5年上、5年下と段階的に内容が難しくなっていますので、計画通りにいかない傾向が

あります。現実的な期間の配分は、4年上下（2冊）で合計1ヶ月、5年上を1ヶ月半〜2ヶ月、5年下を2ヶ月半〜3ヶ月という感じになります。

　先取り学習は「半年〜1年先を見据えた先行投資」で、成功した場合に得られる成果は大きいのですが、緊急性は低く、おろそかにしても直近の成績等に影響しないという面もあります。最後まで継続させるためには、ハードルを下げる、時間をかけすぎないという2つのポイントを意識することが有効です。

⑥⓪ 先取り学習は余力があることを前提に成立する

　先取り学習を開始する前に注意すべきなのは、前提となる基礎体力があるかということです。難関校に合格させたいという気持ちが強い親御さんの中には、先取り学習が有効だと聞くと、即決即断でお子様に先取り学習を開始させる例が少なからず見られます。

　確かに難関校対策として先取り学習は有効ですが、必ずしも万人向けの方法ではありません。先取り学習は、大雑把に言えば「未習範囲を自力で（または親御さんや指導者の補助付きで）学習する」ことですが、通常の学習（学年相応の学習）に比べると確実にハードルは高くなります。

　通常の学習において（多少のミスはあっても）ほとんどの問題を反射的に解けるなど、明らかに物足りなく感じるレベルの余力がある場合、そのまま同じ内容の反復学習を行っても成果が上がるわけではなく、モチベーションが下がってしまう傾向があります。

そういう受験生が先取り学習を開始すると、水を得た魚のように本当に楽しそうに取り組み、短期間で全範囲を一気に終えてしまうことがあります。終えると言っても突貫工事のようなものですので、各単元の内容を完璧に理解しているわけではないのですが、基本的な考え方は大雑把に理解している状態になります。

　私は家庭教師の依頼を新５年生（学校の学年では４年生）２月に受けた場合、すぐに先取り学習を自主課題として実施していただくのですが、難関校受験生の多くは５月上旬までに全範囲を終えています。特に４年生まで基本問題の反復学習に嫌気がさしていた受験生ほど、刺激的で楽しい趣味に取り組んでいるような感覚を持ってくれます。

　しかし、塾の授業や課題を必ずしも楽にこなせていない受験生の場合、その状態で先取り学習を開始しても機能しない可能性が高いです。未習範囲の多くは既習範囲を理解していることを前提に構成されているため、既習範囲の理解が不十分だとスムーズに進められないからです。

　塾の授業や課題を十分にこなしているように見えても、実際には余力がないために先取り学習が機能しないこともあります。先取り学習を開始したところ、塾の課題が消化不良になって成績が

下がってしまい、結局は先取り学習を中止する（復習中心の学習に戻す）という感じです。

「難関校を目指したいから、先取り学習を行う」と考えるのではなく、余力があれば先取り学習を行う（その結果として難関校を目指す）という方が受験生、親御さんの両方にとって無理がなく、最終的な難関校受験の成功率も高くなります。

⑥1 先取り学習を優先すると塾の成績は下がる

　余力がある状態で先取り学習を開始しても、その副作用として塾の復習テストの成績は下がりやすくなります。個人差もあって、ほぼ影響しない受験生もいますが、偏差値で5〜10ほど下がってしまうことは少なからずあります。

　先取り学習に時間を多く配分することで塾の復習が手薄になり、定着率が落ちてしまう（その結果、成績が下がる）という場合もありますが、実際は定着率が落ちていない（それでも成績が下がる）場合の方が多いです。

　塾の復習テストの成績を上げるコツは、十分に理解している状態から、さらに反復することです。例えば、既に1分で解ける問題を反復することで、30秒で解ける状態になったりします。

　テストの多くは前半に基本問題、後半に応用問題という構成になっています。上位レベルの受験生にとっては、前半の基本問題をほぼ得点する前提で後半の応用問題をどれだけ得点できるかという勝負になりますが、その際にポイントとなるのが前半での所

要時間です。

　反復を徹底していない（先取り学習を優先している）受験生Ａ
と、反復を徹底している受験生Ｂがいて、２人の実力は同じだと
します。制限時間50分のテストで、受験生Ａが前半の基本問題
に35分かかり、後半の応用問題には15分かけられたとします。
一方、受験生Ｂは反復を徹底しているため前半を20分で終えて、
後半に30分かけられたとします。

　基本的には、反復を徹底している方が基本問題でのミスも少な
くなり、また応用問題についても多く時間をかける方が解ける確
率は上がります。その結果、前半、後半とも受験生Ｂの方が得点
が高くなる傾向があります。

　全体から見れば少数派ではありますが、復習テストの過去問や
予想問題を行う受験生も増えています。反復を徹底したり、過去
問や予想問題を行うことで、本来の実力よりも高い成績をとりや
すくなるというのが実情です。

　上記の受験生Ａが算数の学習時間の半分を塾の復習、残り半分
を先取り学習に充てているとすれば、受験生Ｂは残り半分を反復
学習（＋過去問、予想問題）に充てている感じになります。将来

の難関校受験に向けては受験生Aの方が圧倒的に有利なのですが、復習テストで思わしくない結果が続くと（先取り学習を優先することに対して）不安や疑問が生じる傾向があります。

　先取り学習を成功させるためには、受験生と親御さんの両方が事前に「塾の成績は下がるかもしれない」と認識しておき、実際に成績が下がった際に動揺しないことも必要です。

㉒ 先取り学習で難関校への適性が見える

　先取り学習の副次的な効果は、難関校への適性を確認できることです。先取り学習での状況を見れば、将来的に難関校を狙えるかどうかを大雑把に予測することができます。

　難関校の合格率は、算数に関しては応用問題の演習量にある程度は比例します。例えば『中学への算数（中数）』を30冊完了した受験生と数冊で終わった受験生では、定着率に大きな差がなければ、基本的には前者の方が難関校への合格率は高くなります。

　『中数』を多く進められる受験生に共通しているのは、効率的・持続的に多くの課題をこなせること、学習能力が高い（初見では問題を解けなくても、解説を読むことで理解・定着できる）こと、長期的な視点からの損得勘定ができることです。そして、この3点は先取り学習を順調に進めるために必要不可欠な能力でもあります。

　逆の見方をすれば、先取り学習を順調に進められていることは上記3点をクリアしている証左になります。私が過去に指導した

受験生でも、先取り学習（予習シリーズ4冊）を3ヶ月以内で完了した受験生の多くは、最終的に中数を30冊以上完了して難関校に合格しています。逆に先取り学習に長期間を要した（または中止した）受験生は、『中数』も多くは進まない結果になっています。

「成績上位の受験生は能力が高いから、先取り学習も中数も順調に進む」と思われるかもしれませんが、私の経験上、必ずしもそれは当てはまりません。先取り学習が機能するためには余力が必要なので、確かに成績的に厳しい受験生ほど先取り学習の成功率は低くなります。

ただ、私が家庭教師で関わった中では、指導開始時の成績が（サピックスで）偏差値60台前半の受験生が先取り学習の成功率が最も高く、偏差値50台後半と60台後半になると少し下がり、偏差値70以上になると更に下がる傾向があります。

特に偏差値70以上の受験生（親御さん）は、前記3点の内の「長期的な視点からの損得勘定」ができない例が多く見られます。先取り学習に時間を配分することは、塾の復習テスト対策に費やす時間を削ることでもあり、塾の成績は多かれ少なかれ犠牲になります。最初は先取り学習の目的を理解した上で開始しても、実際

に成績が下がると我慢できなくなり、先取り学習に配分する時間を減らす（または、先取り学習を中止する）傾向があります。そういう受験生は、本来の能力は高いので結果的には難関校に合格する例も多いのですが、算数に限れば苦戦する例が多く見られます。

　目先の損を我慢できない方が短期的には（塾の成績を上げるという意味で）成功しやすいのですが、難関校受験での成功率となると話が変わります。ただ、性格の傾向を変えるのは簡単なことではありませんので、長期的な視点で損得勘定ができるかどうかは想像以上に重要な要素と言えるかもしれません。

「思い込み」を手放し、「現実」を見つめる

　熊野先生には息子の算数を直接ご指導いただきました。ご指導の詳細は熊野先生のホームページ（体験記 E 君）[1]に掲載しておりますので、こちらでは、本書で展開されている熊野先生のお考えについて文章を寄せさせていただきます。

　本書やその他の熊野先生のご著作から、読者の私たちが知りえることは次の3つです。

① 難関中学の算数の試験で求められる学力
② 子どもの現状を知る方法
③ 子どもが①「難関中学の算数の試験で求められる学力」を身につけるための方法

　中学受験で学力をあげるためには、②子どもの現状を、①求められる学力に近づけていくことが必要になります。そして、熊野先生は①を十分にご理解の上で、本書でも、②子どもの現状を知る方法や③学力をつけるための具体的な方法を複数提案して下さっています。

1　https://www.kumano-takaya.com/

まず、「①難関中学の算数の試験で求められる学力」についてです。中学受験の算数というのは特殊な世界です。親御さんに中学受験の経験があり早期から適切な指導をされているご家庭もあるかと思いますが、我が家は私も夫も中学受験の経験はなく、中学受験の算数のことはまったくわかりませんでした。それでも息子を見ていて感じたのは、最難関中学の算数には合否をわける最後の「壁」があるようだということです。熊野先生は算数のこの「壁」を長いご指導の経験のなかで見極められており、本書でもまた、6年生の冬に壁がない状態へと持ち込むためにやるべきことが提案されているのだと思います。

　次に、「②子どもの現状を知る方法」についてです。

　子どもが何をどう正答しどう誤るのか。子どもの現状の把握は、実はとても難しいものです。ひとつの正解／不正解でも、その正解／不正解がどのような性質のものなのか親にも本人にもよくわかりません。理解不足なのかケアレスミスなのか。時には問題の側に誤りがあることすらあります。こうしたなか、熊野先生は子どもの現状を正確に把握されようとします。本書でもそうした提言はされていますが、実際のご指導でも、先生が独自に作成されたテストを実施し、その結果をこれまでの受験生のデータと照らし合わせるなどして、子どもの状態を見極められていました。そして、難関中学の受験生のなかでの子どもの位置まで明らかにして下さいます。

　最後に、「③子どもが①「難関中学の算数の試験で求められる学力」

を身につけるための方法」についてです。本書でも問題集の使い方や過去問の解き方など、具体的なことが述べられています。そして、熊野先生の提言はすべて、豊富なご経験とデータに根拠づけられています。

　私は大学の教員をしています。よく知りぬいている自分の専門領域の事柄については教えることができますが、知識も経験もない事柄については教えることはできません。そして、「教える」ということは、ただ有意義な情報を伝えるということではありません。教えられる側が、実際に特定のことができるようになる、あるいは、考えられるようになるまでの過程を含みます。我が家は先生のご著書を読むだけでなくご指導もお願いしましたが、先生は息子の状況を正確に把握した上で、到達すべき学力を得るまでに必要なことを具体的に提案して下さいました。
　中学受験についての情報は巷に溢れていますが、中学受験を終え、息子が難関中学に合格した今もなお、私は「難関中学の本当の受験情報はほぼ手に入らない」と考えています。私自身、息子の受験期にはたくさんの本を読み、塾でもさまざまな先生方のお考えに触れました。ですが、実際のことは各ご家庭にしかわからないのだと思います。親たちは子どもの受験について多くは語りませんし、塾の先生は家庭のことまで知りません。難関校を目指している子どもを持つ親の多くは塾の先生にも家庭のことをあまり話さないものです（塾と家庭の方針は一致するとは限らないからです）。
　そんななか、本書をはじめとする熊野先生のご著書は、私たちが

得ることができる数少ない"本当"の情報です。

　本書では、熊野先生は親の私たちに、「思い込み」から離れて常に目の前の「現実」に目を向けるよう促して下さっているように感じます。そして先生のこうしたスタンスは、中学受験の学びに限らず、普遍性があるように私には思われます。私たちは日常、さまざまな「思い込み」にとらわれているものだからです。本書を読んで、もし厳しいと感じることがあるとしたら、それは現実に伴う厳しさなのではないでしょうか。もし希望を感じるとしたら、それは熊野先生がただ励ましてくれているのではなく、現実にある希望であり可能性です。常に事実に迫ろうとする熊野先生が提示される確かな希望、確かな可能性は、たくさんの子どもたちの力を引き出し、たくさんの親を励ますと私は確信しています。

　最後に、本書を手にとられている方は、算数の具体的な学習方法も知りたいと思われているはずです。そこでもし、熊野先生の『算数の戦略的学習法　難関中学編』（エール出版社）をまだお読みになられていない場合は、本書と合わせて読まれることをお勧めします。こちらでは、4年生、5年生、6年生の各段階で何にどう取り組めばよいかが丁寧に紹介されています。私がこちらの書籍を読んだのは、息子が6年生になる前の春休みでした。ですので、我が家は先取り学習に早期から取り組むことはできませんでしたが、それぞれのご家庭が心残りなく中学受験を終えられるために、熊野先生のご提案に耳を傾けられるとよいのではないでしょうか。

　　　　　　　　E君（聖光学院中学進学）のお母様

大学受験でも活きた、普遍的な勉強法の本質

　この度は推薦文を書く機会を頂き、大変恐縮しております。

　私は中学受験の際に熊野先生に大変お世話になりました。先生は生徒の考え方のクセを見抜き、緻密な戦略を立てることにとても長けていらして、そのご指導のおかげで算数について磐石な状態で試験に臨むことが出来ました。

　受験に挑むにあたって、志望校という相手を知ることと受験勉強をする自分について知ることとの双方が欠かせないのだと思います。
　本書で熊野先生は、この相手を知ることと自分を知ること双方についてとても丁寧かつ率直にお書きくださっています。

　先生は難関校の算数について大変経験が豊富であり、非常に深く分析なさっておられるので、志望校に関して得られる情報としては間違いなく第一級です。
　加えて、自分を知ることについても様々な知見が盛り込まれています。例えば私は受験期に計算ミスの多さに悩んでいましたが、本書に書かれているように時間配分の見直しを行うことで、かなり改善されました。実際に試験に臨むとどうしても目前の問いを解くことに没頭してしまうため、自力で客観的に原因を探ることは意外と

難しいものです。

　このような形で高い視座から自分の性質を知っていくことは、中学受験のみならず大学受験やその後の学問生活でも活きる知恵となります。実際、先生に当時ご指導頂いた経験は現在の自習法の基盤となっています。

　一般的に中学受験に関連する本に掲載されている諸々のテクニックは、対象が曖昧なものや、それ以降の勉学に於いて必ずしも有用とは言えないものが少なくないように思います。

　そのような中において、プロだからわかるコアな情報から普遍的な勉強法の本質まで語られている本書を手にすることは、大変貴重な武器になると思います。

東京大学工学部計数工学科３年
（筑波大学附属駒場高校卒）
益子遼祐

難関校を目指す「航海」に必要なもの

　熊野先生から、新たに中学受験の戦略本を上梓されるとうかがった。

　この機会に、一人でも多くの方に熊野先生を知っていただきたいと思って、この寄稿を買って出た。熊野先生に、二人の息子ともお世話になった私が熊野先生についてお伝えしなければ、ほかの誰がお伝えするのか、との思いからである。

　長男と次男の中学受験本番は、それぞれ 2014 年 2 月、2018 年 2 月であった。次男の中学受験が終了してから、この原稿を書いている 2021 年 8 月の時点で、既に 3 年半が経っているが、折に触れ、その後の息子たちの様子をお知らせしつつ（長男の東大理一合格報告など嬉しいものもあった）、熊野先生とは交流を続けさせていただいている。

　今回、ペンを執るに先立ち、熊野先生と過ごした、あのかけがえのない時間を思い起こし反芻してみた。そして、こんなことを書こう、と決めて、熊野先生のウェブサイトに掲載されている長男及び次男合格時の体験記（それぞれ「J１君」及び「J２君」）[1]を、改めて読み直してみた。そうすると、書こうと決めたことは、これらの体験記に尽くされていると思われたので、詳細はそちらをお読みい

1　https://www.kumano-takaya.com/